做农产品区域品牌最大的捷径，
就是选对路径，不走弯路！

品牌农业③

农产品区域品牌
创建之道

农产品区域品牌建设进入政府、企业双轮驱动新时代

娄向鹏 著

中国发展出版社
CHINA DEVELOPMENT PRESS

图书在版编目（CIP）数据

品牌农业 3：农产品区域品牌创建之道 / 娄向鹏著
北京 ：中国发展出版社 ，2019.6

ISBN 978-7-5177-1036-3

Ⅰ．①品… Ⅱ．①娄… Ⅲ．①农产品—品牌战略—研究—中国 Ⅳ．① F326.5

中国版本图书馆 CIP 数据核字（2019）第 148438 号

书　　　名：品牌农业 3：农产品区域品牌创建之道
著作责任者：娄向鹏
出 版 发 行：中国发展出版社
　　　　　　（北京市西城区百万庄大街 16 号 8 层）
标 准 书 号：ISBN 978-7-5177-1036-3
经 销 者：各地书店
印 刷 者：河北鑫兆源印刷有限公司
开　　　本：710mm×1000mm　1/16
印　　　张：16.5
字　　　数：234 千字
版　　　次：2019 年 7 月第 1 版
印　　　次：2019 年 7 月第 1 次印刷
定　　　价：76.00 元
联 系 电 话：(010)68990630　　68990692
购 书 热 线：(010)68990682　　68990686
网 络 订 购：http://zgfzcbs.tmall.com//
网 购 电 话：(010)88333349　　68990639
本 社 网 址：http://www.develpress.com.cn
电 子 邮 件：370118561@qq.com

推荐序 Preface　**孔祥智**

中国人民大学教授、博士生导师
农村发展研究所所长、中国合作社研究院院长

农产品区域品牌建设为什么如此重要

娄向鹏先生是农产品品牌领域的研究者、开拓者和实践者。我与他相识已逾 10 年，缘于各自对农产品品牌问题的兴趣。当然，农产品品牌对我而言仅仅是研究领域之一，对他而言则是事业的根基，他几乎投入了全部精力。他领衔的福来战略品牌咨询机构在农业品牌领域做得风生水起，享誉大江南北。他所服务的品牌，有的活跃了一方经济，有的救活或做大了一个企业。经常乘飞机的朋友，一定会在空乘发的餐盒里看到过小袋装的"仲景香菇酱"，袋上是一个背着背篓采蘑菇的小姑娘，极为可爱，这个案例就是向鹏的手笔。

为了支持他对农产品品牌问题的研究，中国人民大学农村发展研究所专门成立了品牌农业课题组，聘任他为组长，我本人及部分学生也参与其中。几年来，课题组成果丰硕，目前已经出版两本著作《品牌农业》《品牌农业 2：大特产》，都在业内引起了极大的反响。现在，品牌农业系列三《品牌农业 3：农产品区域品牌创建之道》（以下简称《创建之道》）即将付梓，是可喜可贺之事。

近年来，中国经济增长由 40 年来的较高速度进入新常态，同时，城乡居民消费的恩格尔系数从 2017 年开始低于 30%。这两大经济现象必然给农业发展方式带来重大影响。在今后相当长时期内，调结构、转方式、育主体将成为农业发展的主要任务。而任何一项任务都离不开农产品品牌的培育。

2019 年中共中央一号文件指出"健全特色农产品质量标准体系，强化农产品地理标志和商标保护，创响一批'土字号''乡字号'特色产品品牌"，就

是强调农产品品牌（包括区域公用品牌和企业品牌）在乡村振兴中的重要作用。向鹏做的正是这样有意义、有价值的事。

农产品区域品牌建设是地方政府推动区域经济（尤其是县域经济）发展的重要抓手。在实施乡村振兴战略过程中，一些农业大县抓住区域品牌这个"牛鼻子"，打造优质农产品产业链，推动以农业为核心的二、三产业发展，最终实现"产业兴旺"。现在的问题是，尽管全国共有 8000 多个农产品区域公用品牌，按国家统计局公布的数据，全国共有县级单位 2851 个（含市辖区、县级市），平均每个县级单位拥有 2.8 个；如果按 1472 个县（含自治县）计算，则县均 5.4 个。不用详细分析，这些区域公用品牌绝大多数没有发挥作用，有的在睡大觉，有的甚至发挥相反的作用——把品牌搞砸了。可见，做好农产品区域品牌是有难度、讲方法的。

如何打造农产品区域品牌？《创建之道》为农产品区域品牌建设找到了一大逻辑：政府和企业双轮驱动；构建了两大战略支点：区域公用品牌和联合体企业品牌；提供了两大方法论：为战略寻根、为品牌塑魂；解决了两大问题：市场主体薄弱，区域公用品牌没有抓手，以及各个经营主体吃大锅饭，消费者不知道选择谁的问题。

《创建之道》与向鹏前两本书的风格一样，语言流畅，以"例"得"理"，以"理"服人。书中的案例，包括了国内外的著名大品牌，也有不少是向鹏带领福来同事们打造的，正在发挥着可观的经济效益和社会效益。本书的读者主要是需要打造农产品区域品牌的地方政府和企业，是他们的工具书和实践指南。书中所介绍的案例和打造品牌的思路也可以为理论研究者提供参考。

是为序。

孔祥智

2019 年 5 月 31 日

自 序 Preface

让农产品区域品牌建设不走弯路

中国地大物博，文脉深厚，是世界农业文明的重要发源地。

中国培育了世界上最早的水稻、粟（小米）和菽（大豆），开辟出史无前例的世界贸易大动脉"丝绸之路"，创作出世界上最早的农业科学著作《夏小正》《齐民要术》《天工开物》，从本源上提出"道法自然""天人合一"的生态观和物质能量循环观，为全世界贡献了不可替代的农业资源、农业科技、农业制度和农业哲学。

作为农业经济时代的世界强国，中国的茶叶、丝绸、瓷器、中医药等成为耀眼的国家名片，输出和影响全世界。

然而，自 19 世纪开始，由于种种内忧外患，中国逐渐落后挨打，曾经的世界农业强国，连温饱都成了大问题。

改革开放 40 余年来，中国农业取得了举世瞩目的成就，创造了以不足世界 9% 的耕地，养活了世界近 21% 人口的奇迹。

如今，在走进高质量发展的新时代，质量兴农、绿色兴农、品牌强农已经成为全社会的理念共识和行动指引。

农产品区域品牌建设，作为新时代农业供给侧改革和乡村振兴的战略抓手，以及实现产业兴旺和区域经济发展的现实路径，正呈现蓬勃发展之势。

各级党政领导言必称农产品区域品牌，积极性很高。国家工商总局、农业农村部、质检总局颁布的"地理标志"八千余件，数量全球第一，可是多数地理标志的市场效果令人堪忧：

五常大米、西湖龙井、阳澄湖大闸蟹等品牌公地困局依然普遍；

无地域名称、无品类属性的全品类全域性区域公用品牌模式一哄而起的误区依然盛行；

一些品牌名气在外，品牌价值高高地挂在排行榜上，但在市场中品牌影响力小，溢价能力低，市场主体薄弱，丰产不丰收，优质不优价，产业散乱弱；

在很多区域，抱着金饭碗没饭吃或吃不饱的现象比比皆是；

政府与企业相互指责、相互不信任的传统观念和关系仍然广泛存在，没有实现优势互补、合力共进，更没有形成具有强大市场竞争力的联合体企业品牌；

在国际市场上，仍然没有出现世界级的国家农业品牌名片；

缺乏顶层设计，摸着石头过河，追求面子工程，只做表面文章等弊端依然突出。

做品牌，对于各级政府和企业来说是一项崭新的课题，在农产品区域品牌建设的理念、路径和方法上，依然存在很多误区、盲点和弯路，亟待明道、正术和纠偏。

品牌兴，则产业旺，产业旺，则国家强。农产品品牌的成败，关系着乡村振兴和中国农业的全球竞争力，关系着中国农业的现在与未来，关系着亿万农人的光荣与梦想。

中国丰富的农业资源和深厚的人文资源，如何转化成市场胜势和品牌胜势？中国农产品区域品牌建设，如何实现政府与企业的双轮驱动、和谐共进，进而走出一条品牌强盛、产业兴旺与区域社会经济可持续发展的新路？

新时代的中国农业品牌建设，亟须战略性破局。

鉴于此，作为中国品牌农业的创导者与践行者，我们发起"一坛一书"行动。

首先，由中国人民大学农村发展研究所、中国人民大学中国合作社研究院、京东农场、福来战略品牌咨询机构发起主办，联合多个国家级智库、行业协会（组织）、龙头企业、媒体、科研机构等联合创立"品牌农业神农论坛"，并成立"神农合作组织",以神农氏彪炳千古的智慧与精神为指引,剖析中国农产品品牌建设的得与失,分享政府与企业的思考与实践,探究未来发展的路径和方法,搭建政产协学研媒沟通与合作的价值平台,打造中国品牌农业界的高端思想阵地,探寻品牌强盛和产业兴旺的中国道路。

同时,历经三年,创作完成《品牌农业3:农产品区域品牌创建之道》,以诸多项目实践经验为依托,直面难点与痛点,并尝试提出中国农产品区域品牌建设的理论体系、战略路径和落地方法,从根源上终结理论混乱和道路错乱,让农产品区域品牌建设少走和不走弯路。

未来20年,世界看中国,中国看农业,农业看品牌。

期望"一坛一书"能够提供解决现实痛点和难点的中国方案,助力各级区域打造更多具有强势竞争力的农产品区域公用品牌和企业品牌,推动中国走进品牌农业新时代,为中国农业的品牌强盛和产业兴旺,做出一点点努力和贡献。

己亥年,仲夏,奥运村

目 录 Contents

开 篇

树立农产品区域品牌建设的大局观

第一节
农产品品牌建设：区域经济发展的战略抓手

改革开放 40 年来，我国农业取得了举世瞩目的成就，粮食"十三连增"，解决了十三亿人吃得上、吃得饱的大问题。

在自豪欣喜之余，新的问题接踵而至：

在供给侧，中国农产品附加值低，经营方式传统落后，无规模，无标准，无品牌，产业散乱弱，优质不优价，增产不增收。

在消费端，消费升级，消费者从吃得饱上升到吃得好、吃得健康，开始关注产地、品质、品牌和体验。可是在市场上，消费者面对农产品一脸的茫然。没有标识，无法识别和选择，挑选产品全凭经验和运气。同时，特色品种、绿色有机和具有功能价值的高品质产品严重缺乏，供不应求。

为此，党和政府接连出台乡村振兴、质量兴农、绿色兴农、品牌强农、一二三产业融合、培育新型经营主体等一系列方针政策，尤其是农产品区域品牌建设，作为新时代农业供给侧改革、乡村振兴和脱贫攻坚的战略抓手，正呈现轰轰烈烈之势。

（一）千年一遇：如火如荼的中国农产品区域品牌建设

农产品区域品牌一开始源于自然、自发，甚至可以说，有农产品就有区域品牌现象。宁夏枸杞、西湖龙井、长白山人参、绍兴黄酒等都是典型代表。近年来，各级政府、农业龙头企业对农产品区域品牌建设越来越重视，迄今为止，原农业部、质检总局、工商总局共批准了 8500 多项地理标志产品（商标）和产品产区认定。

2014 年 5 月 10 日，习近平总书记在河南考察时提出"三个转变"："推动中国制造向中国创造转变、中国速度向中国质量转变、中国产品向中国品牌转变"。

2015 年 7 月 16 日下午，在吉林省延边州和龙市东城镇光东村的稻田里，习近平总书记提出"粮食也要打出品牌，这样价格好、效益好"的著名论断。

2016 年，时任吉林省副省长隋忠诚（左一）、省粮食局局长韩福春（左二）莅临福来，共同探讨吉林大米的品牌建设。

紧接着国家密集出台一系列支持农村经济和农业品牌发展的重大战略举措：

2017 年 2 月，农产品区域公用品牌建设首次写进了中央一号文件：推进区域农产品公用品牌建设，支持地方以优势企业和行业协会为依托打造区域特色品牌，引入现代要素改造提升传统名优品牌。2019 年中央一号文件继续强调："健全特色农产品质量标准体系，强化农产品地理标志和商标保护，创响一批'土字号''乡字号'特色产品品牌。"

原农业部将 2017 年确定为品牌推进年，这是原农业部第一次把品牌创建正式作为推进农业供给侧结构性改革，提高农业综合效益和竞争力，促进农业增效和农民增收的全局性战略手段来抓。2017年5月，国务院批准，每年5月10日为"中国品牌日"。2018年6月，农业农村部印发《关于加快推进品牌强农的意见》。

乡村振兴（产业兴旺）、创建国家现代农业产业园、创建特色农产品优势区、促进小农户和现代农业衔接、质量兴农等重磅政策持续发布，前所未有。

各省、市、县积极落实党中央、国务院指示，纷纷出台相关文件，品牌建设你追我赶，热火朝天，一大批农产品区域品牌涌现出来：吉林大米、山西小米、湖南茶油、普洱茶、寿光蔬菜、洛川苹果、盱眙龙虾、横县茉莉花、盐池滩羊、长白山人参、隰县玉露香梨、永福罗汉果等，品牌建设初见成效。

各路工商企业、金融资本、网络科技企业等纷纷"下地务农"，与区域农业经济结合：联想从青岛蓝莓、成都浦江猕猴桃、龙井茶叶入手进军现代农业；恒大从长白山矿泉水、内蒙古兴安盟米面油打造品牌农业（可惜走了弯路导致夭折）；京东从电商、智慧农业切入，推动仁寿（枇杷）、桐城等区域农产品电商化、智慧化；海尔从建立基于物联网的全流程追溯和交易平台突破，帮助金乡大蒜全面提升；碧桂园、万科从打造社区生活服务终端品牌凤凰优选、万物市集导入，让优质区域农产品直接进入城市家庭；阿里巴巴、拼多多、一亩田等直接以平台优势扶农助农；深创投助推好想你枣、湘村黑猪资本化；中信投资绍兴黄酒会稽山；新希望收编整合多个地方乳企打造乳业新航母；蓝城顺理成章地搞起了农业特色小镇……

一波又一波的新农人开疆拓土，在创建品牌、智慧农业、新零售、生鲜、电商和深加工等方面探索和尝试，给传统农业带来新鲜血液和根本变革。

在北京、上海、广州等中心城市，来自全国各地的农产品推介会、农产品展销会、订货会目不暇接。

这是中国农业千年一遇的品牌浪潮和产业图景，农产品区域品牌的春天来了。

小贴士：什么是农产品区域品牌？

农产品区域品牌：在特定农业生产区域内创建的农产品品牌，包括农产品区域公用品牌和农产品企业品牌。

农产品区域公用品牌：特定区域内相关机构、企业、农户等所共有的，在生产地域范围、品种品质管理、品牌授权使用、产品营销与传播等方面具有共同标准和行为规范，共同创建和经过授权方可使用的品牌。如盱眙龙虾。

农产品企业品牌：特定区域内由一个企业注册、打造和权益独享的品牌。如乌江榨菜。

（二）必然选择：农产品区域品牌建设是区域经济发展的战略抓手

传统产业渐渐失灵，区域经济发展缺乏战略抓手

我国经济发展已经发生了历史性转变：由高速增长转向高质量发展，我国社会主要矛盾已经从"人民日益增长的物质文化需要同落后的社会生产之间的矛盾"转化为"人民日益增长的美好生活需要和不平衡不充分的发展之间的矛盾"。

在农业内部：

一方面，中国粮食产品已经实现"N连增"，数不清的各种农产品轮番积压，卖难声此起彼伏，想再依靠增加劳动力和资本投入、透支资源和环境获得收益已经不可能，粗放式的增长方式渐渐失效，甚至越多越麻烦。

另一方面，中高端消费人群在扩大，高品质、绿色、有机农产品难以满足城乡居民特别是中产阶层日益增长的迫切需求，进口优质产品供不应求。可是许多区域政府和企业坐拥众多优质地理标志产品，却缺乏竞争力，抱着金饭碗

吃不饱甚至没饭吃。区域经济发展急需找到新的战略抓手。

在区域经济结构上：

过去依赖卖矿产、卖土地，再有点传统工业，地方经济就很好过了。现在，土地财政难以为继，传统高污染、高能耗的行业关停并转，低水平制造业没有了成本优势。与此同时，乡村振兴、生态文明、绿色发展和精准扶贫成为新时代的国家战略和发展路径，盱眙龙虾、横县茉莉花、新会陈皮、洛川苹果、容县沙田柚、西峡香菇、富平柿饼等，一个特色优势产业（品牌）带动一方经济的"区域农产品晕轮效应"日益凸显。

"三个抓手"：把握区域社会经济发展的主线

中共中央总书记习近平在 2018 年 9 月 21 日主持中共中央政治局集体学习时强调，乡村振兴战略是党的十九大提出的一项重大战略，是关系全面建设社会主义现代化国家的全局性、历史性任务，是新时代"三农"工作的总抓手。

这是一个伟大的国家战略部署。我国最大的发展不平衡，是城乡发展不平衡；最大的发展不充分，是农村发展不充分。同时，农业发展质量效益不高，农民增收后劲不足，农村自我发展能力弱。乡村振兴战略，为开启城乡融合、一二三产业融合，促进区域社会经济发展和现代化建设新局面指明了方向。

乡村振兴战略的总要求是：产业兴旺、生态宜居、乡风文明、治理有效、生活富裕。其中"产业兴旺"是乡村振兴的基础，是推进经济建设的首要任务。产业兴旺就是要以推进农业供给侧结构性改革，培育农村发展新动能为主线，加快推进农业产业升级，提高农业的综合效益和竞争力，真正实现农业由种养导向、生产导向、产量导向向消费导向、质量导向、品牌导向的转变。

产业兴旺从何抓起，其标志是什么？

一个最重要的标志就是品牌。没有品牌，农产品就无法实现从产业优势转换成市场价值；没有品牌，消费者面对优质产品也不识。所以，品牌是带动整合乡村产业发展的根本抓手，是让绿水青山成为金山银山的金钥匙。

从大草原走出来的伊利、蒙牛品牌，带动了整个内蒙古草原乳业的大发展，

还走向了世界；乌江、辣妹子等品牌不仅让自己的企业扭亏为盈，还让整个涪陵榨菜行业成了香饽饽，被誉为"榨菜界的茅台"；法国依云用一个矿泉水品牌，带动了依云小镇的繁荣和可持续发展，成为商务会议、休闲康养的世界级胜地。

所以，总结起来，笔者称之为"三个抓手"：乡村振兴是三农工作的抓手，产业兴旺是乡村振兴的抓手，品牌强盛是产业兴旺的抓手。

"三个抓手"是区域社会经济发展的主线，更是农产品区域品牌建设的大道。

（三）中国特色：拥有全世界最富饶的"金山银山"

中国农产品拥有最优越的资源禀赋。

一是中国地大物博，农业资源世界第一

中国广袤、丰富、多元的自然气候和地理地貌，孕育了世界上任何一个国家都难以比拟的丰富的自然资源与物产。中国是世界第一农产品大国，地理标志、特产之乡数量全球第一。全国蓬勃发展的一县一业、一乡一特、一村一品，足以说明这一点。

二是中国农产品更具文化底蕴，也更有优势

相比世界上绝大多数国家，中国历史更悠久，文化多元而丰富，还有源远流长的"药食同源"养生智慧，拥有世界第一美食王国的心智认知，这是创建和发展农产品品牌的天然源泉，是中国独有的不可替代的具有全球竞争力的国家资源，是创建伟大品牌的天然基因和心智优势。

三是中国农产品品类（品牌）资源丰富，蕴藏 "金山银山"

所谓品牌，就是代表品类的品牌，品牌因品类而生。每一个区域的特色农产品，就是一个品类，品类是做品牌的土壤。中国农产品品类资源丰富，蕴藏着全世界最宝贵的、最有市场价值的"金山银山"：

宁夏枸杞、长白山人参、绍兴黄酒、茶叶、东北大米、新疆干果、东阿阿胶、内蒙古牛羊肉、西藏虫草、牦牛、青稞、凉茶、中华猕猴桃、洛阳牡丹、苏州丝绸、茅台酒、北京烤鸭、云南白药、辣酱、景德镇瓷器等，这是中国的地方特产，也是中国的农业名片。

继老干妈辣酱、马应龙痔疮膏后，又一款中国土特产在外国突然火了，成为"超级食品"，还有了个响当当的外文名字：Goji Berry，"枸杞莓"的意思。这就是宁夏特产枸杞。

2018 年，在美国 10 年来最严重的季节性流感疫潮中，又一款来自中国的特色产品——枇杷膏成为新一届美国网红。

随着中国的和平崛起与发展，中国农产品、中国美食和文化必将越来越多地走向世界、融入世界，世界也越来越多地接纳中国。中国农产品和以农产品为原料创造的中国美食，最有可能率先代表中国，创造出世界级的国家名片式的大品牌。

因此，各级政府和龙头企业一定把农产品区域品牌作为振兴区域经济、产业扶贫、带动农民增收致富的战略抓手，以品牌带动区域经济发展，形成主导产业和产业集群，从而壮大提升融个区域经济的实力和影响力，让品牌成为区域政府和人民群众的骄傲。

（四）世界实践：做农产品区域品牌，全球区域经济发展的路径选择

品牌，是一个县、一个市、一个省乃至一个国家的名片。

提到一个国家，人们总是首先跟这个国家最有特色的产品和文化相连，这种联想和联系自然而强烈，最常出现的就是特色农产品：法国波尔多拉菲葡萄酒、依云矿泉水，美国爱达荷土豆、华盛顿苹果、加州新奇士脐橙，新西兰佳沛奇异果，荷兰郁金香，韩国正官庄高丽参，日本的神户牛肉和越光大米……

本书作者娄向鹏在华盛顿州考察华盛顿苹果

农产品因地理、气候和人文而独特。因此一个国家、一个地区在某些产品上具有特别的优势，诞生了其他国家和产地比不了或者没有的特产。于是，许多国家和地区在经济发展中，特别重视紧紧抓住具有产地和品种优势、文化和心智资源优势的农产品，给予优先发展，做成品牌，甚至发展成为代表该国家和地区经济的名片。

从品牌上看，法国是靠三瓶水立国的：香水、依云矿泉水和葡萄酒。虽然夸张，但是这三瓶水的品牌地位和对区域经济乃至国家经济的拉动一点都不夸张。

就拿法国葡萄酒为例，最著名的就是波尔多地区。波尔多生产的 AOC 葡萄

酒（原产地名称管制酒）占全法国的三分之一以上，平均每公顷贡献了 30.66 万欧元（约合人民币 209.93 万元）产值，被喻为"世界的葡萄酒宝库"。整个波尔多地区的经济就是依靠葡萄和葡萄酒产业，在全世界葡萄酒产业都具有举足轻重的作用。

再看南半球的新西兰，国土不大，人口不多，以牧业为主，但是这个国家培育了一个全球最知名、最强大的水果品牌，就是新西兰的国家名片——新西兰佳沛奇异果。

2019 年 6 月，本书作者娄向鹏参访新西兰佳沛奇异果公司新总部，与对外关系总监 Michael Fox 交流水果品牌建设，并赠送《品牌农业 2：大特产》一书。

新西兰佳沛奇异果 99% 出口，每年出产量 7000 万箱，销售市场遍及全球 70 多个国家和地区，占全球奇异果市场总销量的 33%，高居世界第一，是名副其实可以代表新西兰的国果。

众所周知，奇异果就是猕猴桃，是新西兰从中国引种过去的，在奇异果的"老家"中国，佳沛的年销售额超过 22.5 亿人民币（零售额超过 50 亿人民币），约占到其全球销售额的 20%，成为佳沛全球最大的市场。佳沛奇异果的市场成绩，是新西兰举全国之力成就的，反过来，佳沛奇异果为新西兰带来了荣耀、财富和活力。

大量中外品牌实践告诉我们，品牌是经济发展到一定阶段时的必然要求，品牌是农业现代化和区域经济发展的战略抓手。

品牌兴，则产业旺；产业旺，则国家强。

未来 20 年，世界看中国，中国看农业，农业看品牌。

第二节
中国式农产品区域公用品牌建设的困局与误区

（一）农产品区域公用品牌建设中的四大问题

一是搭车蹭光，透支抢吃大锅饭

由于农产品区域公用品牌具有与生俱来的公用属性，只要品牌稍微有一点名气，品牌公地现象就出现了。产区内和非产区内产品，无论是否得到正规授权，都以该区域公用品牌产品的名义闪亮登场。大量质量不合格、品种不正宗的产品搭车蹭光，透支抢吃区域公用品牌大锅饭，败坏品牌声誉。

农产品区域公用品牌打造需要大量资金投入和长期的积累，所以，越是小企业和个体商户越是渴望背靠大树来乘凉，许多地方在品牌建成之日，就是品牌成为公地悲剧之时。最典型的就是阳澄湖大闸蟹和五常大米。

每年，正宗阳澄湖大闸蟹还没开捕，冒牌阳澄湖大闸蟹已开始叫卖，外地蟹、洗澡蟹是正宗蟹的 5 ~ 10 倍。

五常大米如雷贯耳，五常大米专卖店开遍了全中国，可是五常大米掺假已经成为公开的秘密。从业内数据了解，五常市五常大米年产量至多为 100 万吨，市场上的实际销售达 1000 万吨。五常市相关领导率队到全国各地暗访打假，结果险些被打。显然，这不是做品牌的本意。

千年传承的金华火腿 2003 年曾大面积出现敌敌畏浸泡火腿防腐事件，整个品类几乎遭遇灭顶之灾。时至今日，品牌美誉度和集中度都没有根本改变，品类潜在风险很大，随时有可能遭遇不测，一夜回到解放前，前功尽弃。

二是品牌"成功"了，可是消费者选择谁的问题没有解决

许多农产品区域公用品牌名声在外，可是消费者在市场中仍然不知道选择谁。

超市货架上摆着烟台苹果、灵宝苹果、洛川苹果、阿克苏苹果、万荣苹果、栖霞苹果、天水花牛苹果等国内知名的苹果区域公用品牌产品，作为消费者，怎么辨别来源、真伪和品质？作为农产品区域公用品牌经营者，如何让消费者选择自家的产品呢？许多地方的农产品品牌做了半天，回答不了这个问题。

做品牌，是为了获得消费者信任和优先选择权。可是，五常大米买谁的知道吗？拥有四大系列 218 个品种的北京平谷大桃，消费者搞得清品种特色、谁的更甜吗？消费者面对哈密瓜、库尔勒香梨、阿克苏核桃、和田大枣等众多农产品区域公用品牌产品，陷入同样的困惑。显然，这样的品牌算不得真正的成功。

三是品牌热闹一时，大起大落，没有持续性

一些品牌建设者热衷于创造虚假的品牌价值，追求表面热闹，忽略市场实际成效。有的品牌有名无实，中"看"不中用，有的长不大或者热闹一时，大起大落，对农民致富、对区域经济发展没有起到真正的拉动作用。

"莱阳梨"的品牌价值达到了 5.65 亿元，可是实际情况，"莱阳梨"商标使用率不足 20%，梨的价格一直上不去，其中 60% 以上在市内销售，销售额也只有 1.2 亿元。莱阳梨种植面积已经由鼎盛时期的 10 多万亩萎缩到如今的 1.1 万亩，而且还在进一步滑坡。

品牌价值增长，实际销售额、销售价格和种植面积却大幅下滑，这是虚假的品牌繁荣。

一些地方区域公用品牌热衷"文化自恋"，自诩各种第一，无视消费者的价值，导致品牌好听不好用，叫好不叫座。

还有些区域特产，像过山车一样的大起大落，品牌名声在外，农民利益却不能得到有效保障。河南焦作温县的铁棍山药就是这样。

2008 年 9 月，中央领导对温县特色农业进行视察，独具魅力的铁棍山药第一次伴随着中国领导人登上新闻联播，温县铁棍山药一夜蹿红。结果，当年的产量完全不能满足市场需求的急速扩容。于是，温县铁棍山药创造了每斤40 元、种植户每亩收益 3 万元以上的神话。

之后，温县铁棍山药种植面积连年扩容，由 2008 年的 3000 亩暴涨至2011 年的 33000 亩。同时，大批山东、河北近似品种的山药，则以每斤 2.8元的批发价格快速冲入温县市场，经营温县铁棍山药的，没一个不赔钱的，一度出现恐慌性抛货，卖出了 2.5 元每斤的超低价。

结果，消费者抱怨"买不到真正的铁棍山药"，温县人哭诉"好山药没有合理溢价"。

四是品牌有名无实，无根无魂，体质不佳

许多地方做的农产品区域公用品牌有名无实，无根无魂。品牌传播空泛无力，没有来头，不讲道理，甚至无病呻吟。他们只重视品牌可见的部分，以为做品牌就是起个名称，设计 LOGO，搞个广告语，开个发布会……

当然，这些非常重要，不仅要做，而且必须高质量地做好（事实上 90% 的品牌做得并不好），但还远远不够。

更重要的是，一个品牌是要有根的。品牌能不能做大做强，取决于是不是进行战略性思考、布局与经营，我们称之为战略寻根。

战略寻根，就是寻求品牌生存和发展的根基、依据和理由。如果战略无根，意味着这个品牌没有扎实的利基源点，就会导致想法多、无定力、易摇摆、力分散、做不强、长不大，也就没有持续发展的原动力，无法应对来自外部的各种竞争。

所以，品牌的战略之根要深扎在有需求、有基因、有未来的事业上。

随着消费者对高端、特色水果需求的持续增强，各种沙田柚成了水果领域的香饽饽，而广西容县是沙田柚的故乡，源于乾隆皇帝的恩赐，这是容县大力发展沙田柚产业的"根"，也是容县沙田柚区域公用品牌建设的"根"。我们定义为"沙田柚在这里诞生"，品牌口令"乾隆爷的沙田柚"。

还有，一个品牌是要有灵魂的。一个品牌其实由两部分组成，一部分是看得见的外部形象，另一部分容易忽视的品牌灵魂。一个品牌应该内有价值、外有形象，外在反映内在。内外兼修、相得益彰才是优秀的品牌。

如果一个品牌只做形象和传播，品牌内涵空泛，与产品、与消费者分离，这个品牌就是空中楼阁，对产品的销售、对农产品区域公用品牌进驻消费者心智没有帮助，即便有一点作用也不会持久。

陕西白水是苹果大县，也是世界苹果最佳优生区之一，产业基础扎实。为了打造白水苹果区域公用品牌，曾很有魄力地重金聘请影视明星许晴代言，大力推广，可惜没有品牌灵魂，从"有机"到"健康"和"好味道"，都对，都不独特，留不下什么印象和品牌资产，资源白白浪费了。

（二）农产品区域公用品牌问题产生的根源

一是严峻现实：千家万户小生产者与千变万化大市场之间的矛盾

第三次农业普查数据显示，我国小农户数量占到农业经营主体 98% 以上，小农户从业人员占农业从业人员的 90%，小农户经营耕地面积占总耕地面积的 70%。这就形成严峻的现实：千家万户的小生产者与千变万化的大市场不适应、不对接。这是最大的矛盾。

中央农村工作领导小组办公室副主任、农业农村部副部长韩俊说，我国建设现代农业的前进方向是发展多种形式适度规模经营，培育新型农业经营主体。同时，也要看到小农户家庭经营是我国农业的基本面。以小农户为主的家庭经营是我国农业经营的主要形式，也是农业发展必须长期面对的现实。

因此，我们做农产品区域公用品牌，要在千家万户小农户有效对接千变万化大市场上下功夫，建立新型农业经营主体，让小农户参与进来，把小农户带动起来。

二是中国国情：政府的主导力量和组织力量发挥不够

农村土地集体所有且高度分散，大企业、大农户占比很小，大部分行业协会职能发挥不够，产业竞争力薄弱，政府掌控绝大部分资源（政策、资金、舆论等），这是农业上的中国特色。加上农业本身投资大、周期长、见效慢、风险多，构成中国农业的多重挑战。

农产品区域公用品牌建设是涉及一方区域经济的全局性的具有公用属性的

工作，涉及面广，基础薄弱，党政一把手必须重视和亲自参与，借助专业外脑进行具有战略高度和长远眼光的顶层设计，如果主要领导重视不够、参与不够，政府失位，没有提到党政主要领导的核心工作议程上来，就很难成功。

政府有能力、有手段、有政策，能够调动各种资源，也有权威性、公信力和凝聚力，这是农户和企业所无法做到的。因而在农产品区域公用品牌建设上，政府责无旁贷、当仁不让。

中国是全世界人参种植面积和产量最大的国家，但产业附加值和品牌做得最成功的却是韩国。韩国举全国之力打造的高丽参用户品牌叫作"正官庄"，中国人参企业5000余家，却没有一个可以和正官庄抗衡的大品牌。很多人可能不知道，正官庄背后的企业主体韩国人参公社，正是由朝鲜王国政府于1899年所创立，为专门掌管高丽参制造及输出的官方机构，所出产的正官庄高丽参更是由大韩民国政府直接监制，其品质受到国际的认可与信赖。

三是品牌落地：经营主体弱，产业无龙头

凡是出现问题的农产品公用区域品牌，都是因为缺乏一个在品牌产权上明晰的、在市场经营上具有强大实力的企业法人主体。产业分散，劣币逐良币，品牌使用混乱，搭车蹭光严重，使用品牌者不珍惜品牌，"不幸的区域公用品牌都是一样的"。

五常大米、灵宝苹果、西湖龙井、盐池滩羊、阳澄湖大闸蟹、赣南脐橙、清远鸡等区域公用品牌集中度低，产业和品类没有"带头大哥"主导，没有建立和落实在一个企业法式式的经营主体上。有些区域也成立了专属企业主体，像盐池滩羊产业集团、安溪铁观音集团、德州扒鸡集团等，但企业不够强大，仍担当不起振兴区域品牌的重任。

在吉林松嫩平原崛起的"查干湖大米"品牌，其经营主体松原粮食集团是吉林省松原市政府投资控股组建的大型国有粮食企业，以松粮集团为龙头，联合吉林省西部 22 家米业企业，成立"查干湖大米产业联盟"，以"查干湖大米"品牌为引领，共举一杆旗、同打一张牌，形成品牌联合体，抱团取暖、联合突围，实现了区域大米价值的提升，成为农产品区域公用品牌建设的典范。

四是工作不得法：品牌建设走了老路、弯路

农产品区域公用品牌创建是一项全新的工作，如果没有把握市场和区域品牌建设基本规律，就会走老路、弯路。

有的地方只有内部思维，没有外部思维，只看到自己的产品、自己的优势，什么都是自己的好，自娱自乐，没有把自己的产品和企业放在真正的市场竞争环境里考量。

有的地方只有产业思维，缺乏市场思维，甚至好大喜功，爱做面子工程。热衷于搞工程式的产业发展规划，有时在科技化、规模化、标准化、提品质和组织化上做得也不错，但是农产品怎样从田间到餐桌、从工厂到市场，怎么让产品和产业价值转换成市场价值、消费者价值，缺少思路和办法，成为农产品区域公用品牌建设中最短的板。

有的地方把农产品区域公用品牌搞成了公益事业，把关不严，雨露均沾，停留在只做农产品区域公用品牌的初级授权阶段，没有构建起真正的责任主体和市场主体。

有的地方只是跟风，别人怎么干我也怎么干，先干了再说，没有想太多。

还有的地方好大喜功，爱做表面文章和全面工程。区域公用品牌像个框，什么产品都想装，好像给品牌以无限的发展空间，实则工作没有主次，其实就是贪心，奢望全面开花、全面结果，结果竹篮打水一场空，什么也抓不住。

建立农产品区域公用品牌，就像球队和球星的关系，既要有基础扎实、发挥稳定的球队，更要有一马当先、龙头引领的球星。只有这样，才能实现产业中有代表，市场中能选择。比如涪陵榨菜中的乌江。

总之，缺乏真正有效的系统顶层设计，依然在走老路、弯路。沿着老地图，找不到新大陆。

五是全品类模式：制造更大的混乱和困局

有一种品牌创建模式引起了我们的注意，其典型特征就是没有品类指向，甚至没有区域名称，我们称其为全品类全域性区域公用品牌模式。比如："连天下""东白""苍农一品""天工宜品"等。

这种全品类全域性的区域公用品牌做法存在一定误区。其最直接的问题是，缺乏"三个抓手"，即政府工作没有抓手，龙头企业经营没有抓手，消费者选择没有抓手。没有人知道这是谁做的品牌和为什么产品做的品牌，忘记了做品牌的目的和意义。

没有主导产业，不聚焦基于当地地理气候及人文条件的优势特色品类，政府工作的落脚点在哪里？政策和资金向哪里倾斜？特别容易造成政府公共资源的浪费。平均用力，怎么能够培育出有竞争力的产业和品牌？怎么与外地产品形成差异化竞争优势？

五常大米好，如果不叫五常大米，叫"五环大米"，五常大米最有价值的品牌认知就不复存在，品牌溢价从哪里来？等于人为制造了认知障碍，大幅度增加了传播成本，事与愿违，事倍功半。

我一直强调，农产品区域公用品牌是区域经济发展的战略抓手。如果品牌名称没有区域名，品牌谁做的、谁受益不清楚，做品牌的意义在哪里？承担不了带动区域经济社会发展的使命。产地名称是农产品区域公用品牌最重要的资产，放着宝贵资产不用，打造一个全新的品牌，舍本逐末。

用做工业快速消费品品牌的方法做农业品牌，放弃农产品特有的蕴含战略之根、品牌之魂的品种、品类和文化资源，另起炉灶、从零做起，增加了做品牌的难度，对当地政府的资源配置和运营能力要求更高，绝大多数是做不到的。

做品牌，必须有足够的资源支撑及运营能力，吉林大米三年花了1个亿的推广费，你同时做多个品牌需要多少资源？可想而知。所以要一个品牌聚焦一个品类，一个品类一个品类地做，做品类的代表品牌，而不是打包一起做，不能做大杂烩品牌。

吉林作为一个农业大省，也是按照品类——大米、人参、黑木耳一个一个地做，每一个品类分别有不同的品牌做代表。

江苏盱眙县凝心聚力二十年，开创了享誉全国的盱眙龙虾区域公用品牌，然后依托同一个市场主体——盱眙龙虾产业集团，打造虾稻共生的"盱眙龙虾香米"品牌，成为又一个富民强县工程。

山西省如果一上来做山西杂粮而不是山西小米，结果那才真是山西"砸"粮了。

2019年，云南省省长阮成发在2018年"10大名品"和绿色食品"10强企业"表彰大会上表示，云南省要实现重点突破，推动8个重点产业：茶叶、花卉、蔬菜、水果、坚果、咖啡、中药材、肉牛梯次发展。作为资源丰富的省域的农业产业发展规划，8个重点产业有其合理性，但是实施时依然需要有重点、有步骤、有先后，让工作有序有效。

从目前的中国国情来看，我认为县域依然是区域公用品牌创建的主战场，其次是市域，最后是省域。区域太大缺乏抓手，区域太小资源配置不足。对于那些产业基础和经济基础都比较薄弱的区域，市级、省级政府可以主导，重点扶持与培育优势产业和公用品牌。

更详尽的观点论述，请看本书附录：

《农产品区域公用品牌全品类模式，是否陷入误区？——神农岛专访中国品牌农业首席专家娄向鹏》

好一朵横县茉莉花

从产业配角到世界花都的品牌逆袭之路

也许你没有听说过横县，但你十有八九喝过横县茉莉花茶

横县位于广西壮族自治区南部，种植茉莉花已有六七百年历史。横县茉莉花和茉莉花茶产量均占全国总产量的80％，占世界总产量的60%。2015年国际茶叶委员会授予横县"世界茉莉花和茉莉花茶生产中心"。但是，外表光鲜的背后，横县茉莉花也有自己的无奈和困惑。

为茶企做嫁衣，默默奉献

每年4月～10月，全国茶企大麻袋拉来茶坯，窨制后大麻袋拉走花茶。横县茉莉花，屈身做花茶幕后配角，产区没有品牌化，导致品牌认知度较低。

增值环节少，总体增值低

横县是目前全国最大的花茶窨制基地，虽有北京张一元、台湾隆泰、浙江华茗园等著名茶企在当地建厂，立顿、星巴克、统一等国际巨头常年采购，但还是多以来料加工为主，产业模式相对单一，增值环节较少，总体增值不高。

产业有根无魂，没有品牌内涵和形象

全国众多花茶企业在包装及宣传上没有体现横县产区，没有以横县茉莉花窨制为荣。有产业，缺乏产业品牌和声誉。有老大的规模，没有老大的地位。

2018年，"中国茉莉花之都"广西横县牵手福来咨询，开启了横县茉莉花国家级农产品品牌的绽放之路。

战略寻根：一字之差，聚焦茉莉花

福来认为，对于区域公用品牌建设，不能简单理解成品牌或产品策划，要放到战略高度进行顶层设计。首先要为横县茉莉花找到持续发展的战略根基。有根的战略才能积累核心竞争力，保证品牌基业长青；没有根的战略，做不强，长不大。

立足未来，规划现在。横县茉莉花的战略之根，是花？是茶？

看自身：横县种植茉莉花已有六七百年历史，明朝嘉靖年间横州州判王济在《君子堂日询手镜》中记述，横县"茉莉甚广，有以之编篱者，四时常花。现在横县全县拥有 10.8 万亩茉莉园，33 万名花农，年产 9 万吨茉莉鲜花、7 万吨茉莉花茶。横县茉莉花（茶）一二三产业综合年产值近 105 亿元。由于横县不是茶的主产区，横县茉莉花茶的 80% 份额，主要是代茶加工。

看竞争对手：四川犍为县紧紧跟随，曾经的老大福州茉莉花种植面积锐减。

福来认为横县强在花。茉莉花就是横县战略之根。要聚焦茉莉花，充分发挥横县强大的茉莉花种植优势，通过提质增效，品牌溢价，倒逼产业品质化、价值化及融合化升级。

从花茶到花，一字之差，战略意图大不同。横县茉莉花战略之根要聚焦茉莉花，成为世界茉莉花产业中心。这是产业发展的"磁石"，也是必须夯实的根基。

业务布局："非常1+9"，打造大IP

战略之根明确，业务布局也要重构。福来为横县茉莉花制定"非常1+9"业务模式。

"1"就是茉莉花，这是战略引擎。通过标准化、品牌化和国际化，实现横县茉莉花从花茶原料生产中心向世界茉莉花中心升级。

"9"指9大产业。以横县茉莉花为主体，涵盖"花茶、盆栽、食品、旅游、用品、餐饮、药用"等多维场景、长短结合的业务组合，将横县茉莉花的价值发挥到极致，从根本上解决横县茉莉花产业不成链、增值环节少的痛点。

目前正在引进大型产业资本，以产业为载体，以文化为灵魂，以品牌为抓手，一二三产业融合，农文旅养结合，建设东方特色茉莉主题乐园，打造东方茉莉城，培育横县经济发展新动能，助推乡村振兴和农民增收致富，推动横县茉莉花产业更高质量的发展。

未来横县将依靠茉莉花成为与荷兰郁金香、保加利亚玫瑰和日本樱花齐名的世界四大花都之一，实现从花茶配角到世界之花的战略升级。

横县茉莉花"非常1+9"业务规划

品牌塑魂：世界级公共文化资产赋能

一个国家、一个民族不能没有灵魂。品牌亦如此。

福来认为，品牌的本质是塑魂，魂立则心动。品牌就是要有血、有肉、有灵魂。没有灵魂的品牌，如行尸走肉，难以存活于心。

文化是品牌灵魂的"富集地",是最重要的灵魂抓手,源于文化的品牌灵魂才是经典的、永恒的、可持续的,因此必须挖掘和抢占茉莉花的文化价值。

说到茉莉花,既熟悉又陌生,那么她的文化价值到底是什么?深入研究茉莉花的千年文化史和发展脉络,我们非常激动地发现一个超级公共资源——《茉莉花》歌曲。也许你不认识茉莉花,但是你一定听过《茉莉花》这首歌。无论国际舞台还是平常场合,无论官方还是民间,无论歌唱家还是普通人,《茉莉花》都在飘扬,耳熟能详,家喻户晓,有"第二国歌"之美誉。

《茉莉花》——经典永流传

1965 年春天,在印度尼西亚举行的万隆会议十周年活动上,中国前线歌舞团演唱《茉莉花》。

1997 年 6 月 30 日午夜,在香港回归祖国政权交接仪式开始之前,由中国军乐队演奏《茉莉花》(作为第一首乐曲)。

1998 年春节,在维也纳的金色音乐大厅内演奏《茉莉花》(作为中国民歌)。

1999 年 12 月 19 日,在中国对澳门恢复行使主权交接仪式上,中国军乐队演奏《茉莉花》。

2001 年,在上海举行的 APEC 会议文艺晚会上,由百名儿童演唱《茉莉花》。

2004 年 8 月 19 日,雅典奥运会闭幕式上来自中国的陈天佳小朋友演唱《茉莉花》。

2008 年 8 月,在北京奥运会颁奖仪式上(作为背景音乐)播放《茉莉花》。

2013 年,在中央电视台春节联欢晚会上,由宋祖英与席琳·迪翁演唱。

2017 年 4 月 7 日,中美元首会晤期间,特朗普 5 岁外孙女和外孙献上了中文歌曲《茉莉花》。

1924 年,意大利作曲家普契尼将《茉莉花》的旋律用在他的歌剧《图兰朵》中,从此这首歌曲走向世界,成为东西方共鸣之旋律,成为一个世界级中国文化现象。

《茉莉花》——蕴含巨大的世界级的公共心智资源，必须最大化地抢占，为横县茉莉花品牌赋能，形成横县茉莉花品牌的灵魂与资产。

品牌口令："好一朵横县茉莉花"，节省亿元广告费

真正伟大的创意，恰恰是"显而易见"的大道至简。找到世界级品牌灵魂，横县茉莉花品牌口令呼之欲出。

审视《茉莉花》名曲，"茉莉花"是歌曲的名字，但真正成为最大公共资产的只有一句话——"好一朵美丽的茉莉花"，认知度最高、广为传诵，独立成句，具有广谱性和全球性，是资产中的资产，蕴含上亿元的品牌认知价值。

如何把"横县"这一主角，用最自然、最巧妙的方式植入？让这句世界性超级话语与横县画上等号，最大化、最充分、最直接地抢过来，据为己有？

"好一朵横县茉莉花！"

这是天赐的品牌口令，将人们对茉莉花文化的高势能认知转变成横县茉莉花的品牌资产。这是一句全球人都熟悉的超级口令，具有自传播性，听过就能记住，听过就想传播。业内人士评价，其市场价值与效应不低于一个亿。

"好一朵横县茉莉花"品牌口令，配上"全球十朵茉莉花，六朵来自广西横县"的价值支撑，极简极致，低调霸气。

好一朵横县茉莉花

什么样的字体才能配上世界级的超级口令？唯有弘一法师体。

弘一法师（李叔同）最早将西方油画、钢琴、话剧等引入国内，是个通贯东西方的文化大使。其字体风格恬静、空灵，纯真中蕴含大智慧、大气度、大境界，韵味非凡，与横县茉莉花的文化基因相得益彰。

品牌标志：香气"横"溢，极简极致

区域公用品牌标志设计，要兼具地域性、文化性和授权属性。地域就是根，一个"横"字将产地与其他地域建立差异。福来以"横"为发端，将江南窗棂、茉莉花、茶杯以及香气，进行完美演绎，形成极简极致的品牌标识，一目了然，透着仙气，将茉莉花背后深厚的东方传统文化进行场景式高效传达。

品牌图腾：三位一体，激活三大感官

牡丹真国色，茉莉乃天香。福来基于茉莉下凡仙女传说，创意了"横县茉莉仙子"的视觉图腾。同时又将《茉莉花》改编，成为横县茉莉花品牌听觉图腾——《好一朵横县茉莉花》：

"好一朵横县茉莉花，好一朵横县茉莉花，全球十朵茉莉花，六朵来自横县呀，用好花来窨好茶，横县茉莉花，茉莉花呀！茉莉花！"

伴随着熟悉的旋律响起，横县茉莉花一下子就被消费者记住。这就是品牌图腾的价值与力量。

另外，基于横县茉莉香气浓郁、鲜灵持久特性，导入嗅觉图腾。闻香识花茶，形成独特的"横县茉莉香"。茉莉香有两种：一种是横县茉莉香，一种是非横县茉莉香。

福来为横县茉莉花创意视觉、听觉、嗅觉三大图腾，三位一体，立体化渗透品牌形象，产生强大的叠加效果。

文化族谱：挖掘茉莉族谱，抢占文化制高点

人皆有源，家必有谱。一部横县茉莉花产业发展史，就是一部东西方文化交流史。传奇茉莉香，穿越千年，最爱广西横县。福来团队深入研究茉莉花发展史，以源、承、兴、盛、誉、香六个关键字构建横县茉莉花文化族谱，抢占茉莉文化制高点和话语权，形成品牌资产，彰显并夯实老大地位。

传播推广：上天入地，发出世界最强音

横县茉莉花在行业和专业领域有一定知名度和影响力，但是在消费者层面认知度低，与老大身份不符。因此，一方面在行业夯实老大地位，同时在消费者层面要迅速提高品牌知名度，提高品类价值度。在品牌推广初期，福来不建议高举高打，要集中力量，以小博大。

两会合一会，召开世界茉莉花大会

横县创办了中国茉莉花文化节和全国茉莉花交易博览会两大行业盛会，每年一场，交替召开，在行业很有影响。未来打造世界茉莉花产业中心，要抢占世界行业话语权，福来建议两会合一会，这样主题更鲜明，资源更集中，效率也更高。同时提升会议规格，举办世界茉莉花大会，召开世界茉莉花发展高峰论坛，抢占世界茉莉文化制高点。

围绕根与魂，捆绑大 IP

一个现象级，胜过多个鲜为人知。围绕战略之根和品牌灵魂，绑定媒体大IP，进行借势传播。与新丝路模特大赛、中华小姐环球大赛战略合作，打造茉莉美女基地，开展横县茉莉仙子全球海选。通过大 IP 和"茉莉美女战略"，进一步提升横县茉莉花品牌影响力和渗透力。

品牌化植入，类"英特尔"模式

将工业领域的经验嫁接到品牌农业，由横县县政府牵头，推出"好花窨好茶，横县茉莉花"品牌认证体系，将横县茉莉花公用品牌注册商标（图形＋字体）在产品上统一位置、统一形象、统一价值，集中展现，就像电脑上贴的"英特尔"标识。福来称之为类"英特尔"战略。借花茶企业海量包装，打造横县茉莉花的自媒体，让横县茉莉花真正走进千家万户、千厂万店，走进茶余饭后，走进消费者大脑。

横县茉莉花品牌认证标识应用规范

这是一个改变农产品区域品牌营销理念和模式的大创意，对特色农产品产业化和品牌营销是一种非常有意义和价值的探索。

品牌升级元年：做好配称，开好茉莉"两会"

2019 年全国两会刚刚闭幕，横县茉莉"两会"正紧锣密鼓准备开场。为开好横县茉莉"两会"，确保战略执行到位，福来特别制定路线图和时间表。从横县战略推升到南宁战略、广西战略，乃至国家战略，让世界爱上横县茉莉香，成为代表中国的世界级农产品品牌。这就是小茉莉的大战略。新品牌战略发布会在南宁、杭州和北京举办。世界茉莉花大会将于9月底在横县举办。

2019年4月9日南宁新品牌战略发布会盛大召开。会上，本书作者、横县茉莉花的战略品牌顾问娄向鹏对横县茉莉花品牌的顶层设计方案作了报告。

5月14～19日，在杭州举办的第三届中国国际茶叶博览会期间，横县茉莉花重磅出场，通过特装馆展示、茶艺表演、新品牌发布会、招商引资推介等多种形式，高调亮相。横县茉莉仙子，伴着横县茉莉香，成为整个茶博会亮点，掀起横县茉莉花旋风。横县茉莉花品牌战略发布暨招商引资推介会共签约4个项目，总金额6.075亿元，产销对接合同总金额达3.29亿元。在农业农村部和浙江省人民政府举办的总结大会上，"销量领先的十佳参展商"，横县茉莉花占六席，成为最大的赢家。

借助全国茶行业最高规格、最权威的大会，横县茉莉花正式从幕后走向前台，拉开产业品牌化、高质量发展的序幕。

2019年9月，广西横县，世界茉莉花大会，欢迎你！

"两点"重要启示

一把手工程，一切都好办

党政一把手的重视程度，是决定农产品区域品牌建设成败的关键。横县县委书记黄海韬，从引进外脑到举办全县品牌农业大讲堂，亲自推动，参与项目每一次讨论与决策，并且在横县茉莉花文化挖掘上亲自与外脑团队讨论细节，一个字、一句话、一幅图、一个物料的雕琢与探讨。在黄书记的直接推动和深度参与下，横县茉莉花品牌建设工作成效显著。

横县县委书记黄海韬（左一）与本书作者、横县茉莉花战略
品牌顾问娄向鹏（右一）探讨包装设计

由下而上，决策和推进效率就非常低；反之，由上而下，效率就非常高。这是普遍规律，更是中国特色。福来认为，区域公用品牌建设，必须列入地方政府一把手工程。一把手主导并深度参与，一切都好办。

双轮驱动，行稳致远

没有政府主导，产业像一盘散沙；没有企业主营，政府主导落不到实处。福来认为，农产品区域品牌建设要政府企业双轮驱动。政府主导做好区域公用品牌打造，同时还要着力构建在市场经营上具有强大带动力的联合体企业。

这一点，横县县委、县政府有清晰的认识和明确的部署。目前，横县茉莉花正在谋划成立联合体企业，承担起横县茉莉花品牌建设、价值提升和产业升级的载体和主体使命；同时制定相应政策，重点扶持 3 ～ 5 家龙头企业，打造现代农业产业园，推动横县茉莉花形成产业集群和可持续发展的良性生态。

政府企业双轮驱动，让产业走得更稳、更远、更有价值，这是最符合中国国情的农产品区域品牌发展模式。

上 篇

农产品区域品牌建设，
迎来"政府、企业双轮驱动"新时代

第一节
政府主导、企业主营：中国农产品区域品牌建设的
根本命题和基本逻辑

正反两方面的实践证明，农产品区域品牌建设有两大驱动力量：政府和企业。"政府、企业双轮驱动"是最符合中国国情的农产品区域品牌发展模式。

（一）在中国，想在农业上做点大事，没有政府主导不行

中国农业是大国小农，基本面是一家一户严重分散的小农经济，每家每户土地等生产资料很少，能力和技术有限，组织化程度低，高度分散，规模和产出量很少，质量不稳定，这样做出的产品很难打造品牌。

怎么办？政府主导，夯实产业基础，牵头做农产品区域品牌中的区域公用品牌。

政府有能力、有手段、有政策，能够调动各种资源、资金，拥有统筹协调能力，也有权威性、公信力和凝聚力。比如：规划土地，整合资源，确定主导产业，筛选主打品种；协调调动各方积极性，加强管理，组建龙头型经营主体，提升产业质量。

专业的人做专业的事。做农产品区域品牌，涉及许多专业上的事，对于政

府来说是一项全新工作，要善于借助专业外脑的力量。比如战略定位与路径规划，挖掘塑造品牌价值，创意设计品牌视觉体系，构建营销体系，建立战略配称……注册和管理区域公用品牌，整合产业资源、搭建传播和销售平台，对接市场销售资源。监督惩治体系和诚信体系的建立。

这些产业性的、基础性的工作，如果没有政府的组织、协调和投资，任何一家企业都无能为力，做不到，做不好。

在西方发达国家，分散的农户可以成立协会类联盟组织，解决组织化、规模化和集约化的问题。而中国的协会类组织，虽然也发挥了积极的推动作用，但由于体制、机制及资源配置的限制，大部分还不具备真正的市场化服务功能。（这也正是中国式协会组织未来大有可为之处。）

在中国国情中，找到中国道路。

安吉白茶在发展初期，茶企、茶农等都没有实力，建设品牌的意识和愿望也不迫切，于是建设品牌的重任就落在了安吉县政府身上。安吉县政府站在品牌建设的最前端，不断地对安吉白茶的品种、产业发展做规划，对农户、茶企制定优惠政策，鼓励全县农户和企业发展白茶产业。

安吉白茶现在已经具有很高的知名度，许多人不知道，安吉县政府对安吉白茶的培育早在 1980 年就开始了，到了 1987 年开始进行无性繁殖，再到 1991 年，"玉凤"牌代表安吉白茶第一次拿到荣誉，在全省名茶评比会上被

评为一类名茶。

在看得见的差异上：安吉白茶是变异性茶种，一芽一叶的采摘标准，再加上叶子特殊的白化，使得安吉白茶在冲泡过程中非常美丽。它的价值就在一芽一叶当中。

在看不见的差异上：安吉白茶在氨基酸和茶多酚上与其他绿茶有许多不同，形成了安吉白茶独特的香气和滋味。这是品种的独特性造就的，是大自然的鬼斧神工。

之后，安吉县政府带领茶企和茶农走出安吉，参加各种茶叶展览、评比，在一次次获奖的同时，安吉白茶的品牌知名度也在慢慢的成长。后在政府的主导下，完成了"安吉白茶"商标注册，并由国资发起成立安吉茶产业集团有限公司，打造极白、峰禾园、芳羽等产品品牌，进一步推动和引领白茶产业的发展。

（二）同时，政府代替不了企业，没有企业主营也不行

农产品区域品牌工作，政府要承担主导大任。同时，政府力量代替不了企业的市场经营，企业要承担市场中的主角作用。

政府主导，做产业顶层设计、资源整合与配置等本位和擅长的事，培育产业内生力量，做企业和农户想做而做不了的事情。

企业主营，企业是市场经营的主体，主体企业要把分散的农民组织带动起来。在区域公用品牌之上，打造企业品牌，做增光添彩、引领市场的经营，而不是监守自盗、透支经营。

政府和企业要优势互补、相互支撑，集中力量解决问题，不应该互相指责和看不上（现实中比比皆是）。如果现有企业实力弱小，担当不了产业兴旺的重任，那么政府就要组建培育一个能够担当大任的企业，让这样的企业做产业的龙头大哥，把小企业和分散的农户组织起来，把品类和产业振兴起来，带动农民共同致富。

涪陵榨菜这个区域公用品牌和乌江榨菜企业品牌的成功，首先源于政府很

早就组建了重庆市涪陵榨菜集团这个国有控股市场经营主体，并通过体制、机制创新，持续激活企业并做强做大。

盱眙龙虾一路开创引领中国小龙虾美食，有赖于历届盱眙县委、县政府的高瞻远瞩、强力推动和不懈坚持，并成立了盱眙龙虾产业集团这个龙头型市场经营主体，在养殖、调料、餐饮、节庆等诸多方面，一起撑起了盱眙龙虾的市场蓝天。

第二节
农产品区域品牌进入"政府、企业双轮驱动"新时代

（一）什么是"政府、企业双轮驱动"模式

农产品区域品牌建设在中国大地轰轰烈烈，但思路、模式和方法始终没有大的突破和改变，旧的问题依然存在，并且还在重蹈覆辙；同时，又产生了一些新的问题，比如全品类全域性品牌模式的蜂拥而起。

新时代，需要新思维、新突破。农产品区域品牌建设进入"政府、企业双轮驱动"模式新时代！

"政府、企业双轮驱动"模式是指：创建农产品区域品牌必须由"政府主导"和"企业主营"两个轮子相互协力、共同驱动。

政府主导，是指政府在农产品区域品牌工作中要起主持和引导作用，做好顶层设计，夯实产业基础，创建区域公用品牌。

具体包括：战略定位、产业规划、产业管理、品质提升、区域公用品牌创建、公用共享资源平台的搭建等。

企业主营，这里说的企业，是指联合体企业，并由联合体企业创建联合体企业品牌，代表产业和品类进行市场经营，成为产业和品类中的中坚力量和"带头大哥"。

　　我们提出的"联合体企业"是从农业农村部等六部委《关于促进农业产业化联合体发展的指导意见》中的"产业化联合体"演化而来，又有了进一步发展。

　　联合体企业是在政府主导下，由龙头企业、中小企业、农民合作社和家庭农场组成，以公用品牌为基础，以分工协作为前提，以规模经营为依托，以利益联结为纽带，以企业品牌为抓手，形成实体化、法人式的新型经营主体。

　　联合体企业实质上形成价值共同体：责任一体，利益一体，荣辱一体。

　　联合体企业通过创建联合体企业品牌，推广产品，拓展市场，一二三产业融合，将产地价值、产业价值变成品牌价值、市场价值，实现产业兴旺和乡村振兴，推动区域经济可持续发展。（联合体企业具体构建模式和方法，见本书下篇。）

　　没有政府主导，产业像一盘散沙；没有企业主营，政府主导落不到实处。政府和企业各司其职，互为依托，发挥擅长，相互配合，缺一不可。

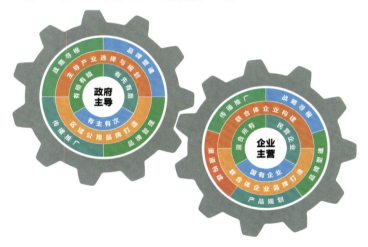

政府、企业双轮驱动模型

　　双轮驱动模式找到并抓住了农产品区域品牌建设的两大核心力量：政府和企业。

　　同时，又找到了两个抓手，解决了两个问题：农产品区域公用品牌符合农业根植于产区的规律，解决对区域内的企业和农户的公用属性问题。联合体企业品牌让产区内的经营主体不再吃大锅饭，主导产业，代表品类，解决消费者面对区域公用品牌不知道选择谁的问题。

（二）"政府、企业双轮驱动"模式的价值与意义

一是践行国策，在品牌强农和培育新型农业经营主体上积极探索

2017 年 5 月，中共中央办公厅、国务院办公厅印发《关于加快构建政策体系培育新型农业经营主体的意见》，正式提出"农业产业化联合体"；2017 年 7 月，农业部等六部门联合发文《关于促进农业产业化联合体发展的指导意见》；2019 年 2 月中共中央办公厅、国务院办公厅《关于促进小农户和现代农业发展有机衔接的意见》。这是三个对中国农业发展至关重要的文件，建议大家深入研读。系列文件共同要求引导新型农业经营主体多元融合发展，鼓励农民以土地、林权、资金、劳动、技术、产品为纽带，开展多种形式的合作与联合，带动农户发展规模经营。

我们提出的联合体企业及联合体企业品牌，是在国家倡导的"农业产业化联合体"新型经营主体基础上的实践与延伸。

农业产业化联合体一般由一家牵头龙头企业和多个新型农业经营主体组成。各成员保持产权关系不变、开展独立经营，在平等、自愿、互惠互利的基础上，通过签订合同、协议或制定章程，形成紧密型农业经营组织联盟。

而我们提出的联合体企业组建方式，产权关系可以不变，也可以相互参股、控股，可以是民营（如好想你公司）、国有独资（如寿光农发集团），也可以是混合所有制（如新疆果业集团）。总之，目的只有一个，要有实力和能力承担起振兴农产品区域品牌的大任，要一个形象、一个声

音、一个品牌、一个标准，形成拳头，一致对外。

当一个产业中拥有了实力强大的联合体企业，才能实现产业内部的组织化、规范化、标准化、规模化。否则，空有想法，没有办法。

联合体企业品牌既是区域公用品牌的战略抓手和载体，又从区域公用品牌超越出来，不再吃大锅饭，用企业品牌体现出个性化可识别的价值；既解决了产业内部产业分散、主体弱小、走不出去、正不压邪问题，又解决了产业外部消费者无法辨识选择的问题，让搭车蹭光、假冒伪劣不再横行。

二是突出针对性，规避误区，从根本上扭转旧思路旧模式的弊端

我们说旧的农产品区域品牌建设的思路、方法和模式，不是一个历史的时间节点，也不单纯是做了什么、没做什么，而是理念之分，是成果之分，是工作质量和工作深度之分。

比如，同样做农产品区域品牌，旧的思路和方法只重视把规模做大，把品牌知名度做响，不重视培育和提升产业质量，品种、质量、管理等遗留问题很多，工作粗放。

以为品牌名称、品牌 LOGO、品牌口号就是品牌的全部。没有围绕产地和区域文化深挖品类和品牌价值，并围绕价值塑造形象，系统传播。品牌空洞，品牌内涵与形象两张皮，品牌为农产品增值溢价无从谈起。

在建立农产品区域公用品牌的同时，忽视联合体企业的作用，没有在区域公用品牌的基础上，把品牌进一步"明晰化"，打造联合体品牌。有了强势的联合体企业品牌，才能实现产业中有代表、市场中能选择。比如，消费者在涪陵榨菜中可以选择乌江或辣妹子。在这种品牌结构下，无良企业很难有机会在区域公用品牌里混饭吃。

一些区域公用品牌在市场销售上落地不够，中看不中用。发展路径、渠道策略、产品组合、传播推广、主战工具等，零打碎敲，不成系统，没有步骤……品牌建设没有实效。

还有一些地方大量出现全品类全区域"全都有""全能行"的情况……品

牌做了半天，谁做的品牌什么品类不知道，消费者凭什么相信、怎样选择均不知道。两大问题都没有解决。

三是顶层设计，事先预判，从此不再摸着石头过河

政府、企业双轮驱动模式是从实践中摸索出来的，研究总结了大量中外实践，尤其针对中国农产品区域公用品牌过去工作中的问题，提炼出的有针对性、现实性、可行性兼备的模式。规避误区，事先预判，不再摸着石头过河。

本书作者娄向鹏在农业农村部"全国农产品地理标志品牌培训班"，讲授《农业品牌建设的五项修炼》。

政府主导、企业主营的双轮驱动模式不仅是工作方法的不同，重要的是它从顶层设计做起，站在区域产业经济发展的高度和角度，既重视产业布局和规划，又注重品牌和市场；既做区域公用品牌普惠企业和农户，又突出重点，扶持龙头型经营主体，打造联合体企业品牌，科学而实效。

一句话，政府和企业双轮驱动，是中国农业现代化、品牌化的必然选择。

已经开展农产品区域品牌建设的政府和企业，要对原来的工作进行检查，查漏补缺，快速跑进新时代，拥抱新模式。

第三节
政府、企业双轮驱动战略三部曲：
树品类→抓主体→建生态

    "树品类→抓主体→建生态"是建设农产品区域品牌、践行"政府、企业双轮驱动"的三大战略步骤，也可以视为工作上的三大阶段、主线脉络。"树品类→抓主体→建生态"九个字，是对创建农产品区域品牌、振兴和做强区域经济的精要概括。

（一）树品类：优品种，提品质，创品牌，拓业务和搭平台

    农产品区域品牌建设，首先要把品类品种基础夯实，把品类发展壮大，把区域品牌的名片先亮出来、传播出去。像横县茉莉花、盱眙龙虾、洛川苹果、盐池滩羊、中宁枸杞等。

    树品类具体包括以下工作：优品种，提品质，创品牌，拓业务和搭平台。

    "优品种"和"提品质"这是产业基础和品类基础，是特产成为品牌、转换为市场价值的前提，必须认真、科学、持久地做。

    新西兰奇异果、美国普渡鸡、日本越光大米、日本和牛、韩国六年根红参……没有一个农产品是随随便便成功的，在品种技术上，丝毫不含糊，非一日之功，

很难被其他品牌轻易替代。

"创品牌"，这里首先是指创建区域公用品牌，我们要创建两个品牌，一个是政府主导的区域公用品牌，另一个是由龙头型联合体企业创建的联合体企业品牌。

"拓业务"，是指业务布局要合理，便于品类和产业快速发展。明确和强化主打品类和主导产业，同时，适时分步骤地设计实施支持产业、配套产业、衍生产业，实现一二三产业融合发展。

"搭平台"是指帮助区域内的农产品和品牌搭建国家产业政策、金融政策平台，整合技术、科研、质检、标准、评奖、品种独家申报保护平台，对接溯源信息服务平台、外部金融资本、渠道资源、电商销售服务平台，借势公用或者国家的传播推广平台……

（二）抓主体：立龙头，定战略，塑品牌，推产品和拓市场

抓主体，就是抓联合体企业。大量中外农产品区域品牌实践证明，凡是出现问题的、不可持续的品牌，都是因为缺乏在品牌产权上明晰的、在市场经营上具有强大实力的、带动各方利益的企业法人主体。

主体不强，产区内的企业一盘散沙，没有实力型企业起到示范和带动作用，几乎是失败的区域公用品牌的通病。

农产品区域品牌工作在政府主导的前提下，企业经营主体就是纲，纲举目张。解决好经营主体问题，其他问题才会迎刃而解。

我们强调，每一个农产品区域品牌，都要"明确一个主导产业，构建一个主体企业，打造一个代表品牌"，一个优势区至少要打造一个有实力的联合体企业，进而打造一个代表品类的联合体企业品牌，通过主体企业带动，实现整个产区的优质优价、良性发展。

没有佳沛，大部分人不知道新西兰奇异果；没有东阿阿胶，整个阿胶品类都会萎缩甚至凋零；没有好想你，就没有新郑大枣乃至中国大枣的产业升级；没有百瑞源，宁夏枸杞的品类价值和产业附加值将一路走低。

与此相反的例子是恩施硒茶、灵宝苹果、长白山人参，只有区域公用品牌，没有企业品牌，五常大米知名度震天响，可是真五常不知道在哪里找……

抓主体具体内容包括：立龙头、定战略、塑品牌、推产品和拓市场等。

"立龙头"就是联合体企业经营主体的组建。

组建新型主体的原则：政府主导，社会参与，团队参股。政府及国企、产业资本、金融资本、协会、合作社、商业、技术专家及平台、第三方咨询机构都可以参与进来。

"定战略"是基于未来对当下做出的做什么和不做什么的根本性抉择。要明确企业做什么才是有未来的，为什么，根植于何处，边界在哪里，向何处去。围绕着战略，界定企业战略目标，规划战略路径，形成清晰的、可持续的经营蓝图。

"塑品牌"是指，在区域公用品牌之上，以联合体企业为载体建立联合体企业品牌。这是农产品区域品牌建设的核心问题。我们欣喜地看到，松粮集团、盱眙龙虾产业集团、库尔勒香梨集团、寿光农发集团的成立，正在朝着正确的方向迈进。

"推产品""拓市场"是指产品的具体销售工作，价值提炼、创意设计、价格制定、渠道搭建、资源整合、媒体传播、市场推广等。这些工作适合聘请专业的人做专业的事。

（三）建生态：三产融合，培育多主体多品牌，形成产业生态

我们说建生态，从时间轴来看，是从产品、品牌和产业优势的"点"到产业的"链"，再到整个区域经济的"面"，直到繁荣和壮大整体区域经济。

从目的意义来看，建生态有两层意义。第一层意义，区域经济的繁荣和兴旺，需要众多优秀企业、品牌和数个主导产业来支撑。这叫"一枝独秀不是春，百花齐放春满园"。第二层意义，只有科学、健康、可持续发展的生态，才会让区域经济繁荣壮大起来。这叫"大家好，才是真的好"。

第二层意义容易被忽视，区域经济的繁荣当然需要做加法，但这只是外在，其内在逻辑是，区域经济能否繁荣和兴旺，在相当程度上还要看由企业和产业构成了什么样的生态。只有构建了适合企业快速良性发展的产业生态，区域经济才会迅速繁荣强大。

建生态包括三个层面：一二三产业融合，百花齐放、产业繁荣，建设农业综合体和产业之都。

一二三产业融合是指，全产业链或者产业链上多点增值，有搞种养的，有搞加工的，有搞销售服务和在第三产业上进行观光、休闲、养老、采摘、亲子、文旅等延伸价值的。

百花齐放、产业繁荣是指，产业内品牌要繁荣和兴旺。正如阿胶市场中有"东阿阿胶"（高端）和"福牌"阿胶（大众），云南普洱茶有"大益"和"七彩云南"，河南速冻业有"三全"和"思念"，从内蒙古大草原走出来的乳业有伊利、蒙牛。从一个企业联合体品牌到多个多层次品牌，错位经营、竞合发展、共生共荣。

产业繁荣更进一步就是农业综合体和产业之都。这是一种高效的生产和经营组织方式，也是产业与区域经济紧密、深度融合的体现。它有自繁衍、自组

织、自调节功能，企业、产业聚集在一起，高效集约、相互促进的作用非常显著。如寿光蔬菜谷、横县中国茉莉花之都等。

2017 年、2018 年，农业部、财政部连年发文布置开展国家现代农业产业园创建工作，批准创建了包括福建省安溪县、广西横县、云南省普洱市思茅区在内的 41 个国家现代农业产业园。

与此同时，国家发改委、农业部、国家林业局联合出台的《特色农产品优势区建设规划纲要》，提出打造一批"中国第一、世界有名"的特色农产品优势区，培育特色品牌。截至目前，认定了包括山东省寿光市寿光蔬菜、江苏省盱眙县盱眙小龙虾、云南那文山市文山三七、山东省东阿县东阿黑毛驴、河南省灵宝市灵宝苹果等 146 个中国特色农产品优势区。

产业集群、特色小镇、特色农产品优势区、现代农业产业园，以及与之对应的产业生态高级形态"产业之都"，是区域经济进入高层次可持续健康发展的新型战略引擎。

第四节
战略寻根、品牌塑魂：农产品区域品牌建设的任督二脉

为什么许多地方的农产品区域品牌和区域经济发展后劲乏力、不可持续？为什么许多品牌徒有虚名，没有提升产品价值，消费者不喜欢、不选择？原因就是战略无根、品牌无魂。

新时代农产品区域品牌建设的王道，就是做有根有魂的事。"根与魂"是任督二脉，打通，则产业更顺畅，品牌更长久。这是福来特有的方法论。

（一）战略就是寻根

什么是战略之根？战略之根是基于市场生态环境做出的根本性抉择。

战略管理大师迈克尔·波特认为，战略是定位、取舍以及与公司经营活动之间建立一致性，就是企业在竞争中做出取舍，其实质是确定不做什么。

做战略通俗地说是要回答：做什么、为什么和凭什么。

战略选择做什么，一是要想清楚为什么，可能性在哪里。要把做这件事的原因、动机、初心和内因想清楚。这里研究的是自身及主观因素。二是要搞明白凭什么，具备不具备做这件事情的能力、条件。

战略寻根，就是选择做有需求、有基因、有未来的事情，就是求证企业生

存与发展的理由。如果战略无根，意味着企业没有扎实的利基源点，没有基因，也没有改变的力量和持续发展的动力。

做农产品品牌战略，第一步就要战略寻根。

战略寻根三大纬度：根本资产、根本趋势、根本竞争。

根本资产：有什么独特的优势，有什么别人不具备的基因。

根本趋势：顺大势，做大事，站在未来看现在。

根本竞争：跳出区域看品牌，我们的竞争对手到底是谁。

产地、品种和文化是决定农产品品牌成败的第一因素，是寻找战略之根的源泉，这是农业的特殊性，是与做工业品品牌最大的不同。

从法国波尔多盛产优质葡萄，能够诞生数个全球著名的葡萄酒庄园品牌，到广西横县茉莉花后来居上，广西横县成为中国第一大茉莉花都；从茅台酒异地扩大产能"失败"，到同样是田永太培育的五常大米优质品种"稻花香二号"，在五常之外的地方种植大失风味：这些例证都说明，农业的战略之根往往在不可替代的产地和文化之中。

做战略的本质是"寻根"，根深则叶茂。没有根的企业，想法多、易摇摆、力分散、做不强、长不大。做企业，就是要做有根、有原动力、有壁垒、有未来的事。

韩国正官庄高丽参坚守传统有机农耕，6 年生长周期，从选地栽培到流通共经历 7 次严格检测，一系列高要求培育出纯正的六年根高丽参，成为人参市场的代表作。

湘村高科看好中国从吃得饱到吃得好、吃出健康的需求升级，扎根"湖南黑猪"特色品种，提纯升级为国家级品种，全力打造"湘村黑猪"企业品牌，让中国黑猪产业重新回归主流，成为中国高端猪肉品牌代表。

盱眙龙虾开创了小龙虾美食潮流与文化，如今盱眙龙虾以质量对抗数量，强化龙虾美食开创者地位，找到了盱眙龙虾的可持续发展道路。

寿光蔬菜的战略之根是设施蔬菜，这个根从开始到现在没有改变。但是设

施蔬菜由满足大众化冬季吃得上蔬菜的初级需求，已经发展到高科技、高品质了。现在，寿光蔬菜代表高科技含量的高品质特色设施蔬菜，这个战略之根来自基因，同时又是核心竞争力所在。

战略必须有根，战略必须寻根。

战略有根三大好处：

一是企业经营不纠结。战略有根，会使企业的经营目标明确，方向清晰，更有定力，企业发展不走弯路、错路。

二是资源不浪费。战略有根，做事就会有主次，投入更聚焦，人财物更高效，降低资源的分散和内耗。

三是竞争不乏力。战略有根，企业将不断积累核心竞争力，构筑价值壁垒，形成可持续发展的原生动力。

找到了战略之根，企业才能围绕战略科学地进行目标设定、路径规划，绘制清晰的、可持续的经营蓝图。

（二）品牌就是塑魂

品牌，起源于农业，许多人不知道，品牌"brand"一词的源头是古挪威语 brandr，意为烙印。在牲畜身上打上烙印，用以区分产品的归属。

无论是美国西部牲畜身上的印记，还是欧洲地窖里酒桶上的标志，抑或是我国良渚时期陶罐底部的符号，都说明品牌萌芽于农业。

现代意义的品牌，除了我们看得见的名称、LOGO、吉祥物、口令等，还有让用户感知的价值、个性和共鸣等，外在反映内在，形式和内容完美统一，这才是名副其实的品牌。

许多人的品牌观念其实一直停留在种养思维、产品思维和广告设计思维上，品牌如行尸走肉，没有灵魂，没有和消费者关联，没有形成独特的品牌价值。

福来认为，品牌灵魂是直击人性的品牌态度和价值主张，是消费动因，是价值差异，是资产沉淀。

品牌的本质是"塑魂"，魂立则心动。品牌就是要有血、有肉、有灵魂。

提起伊利、蒙牛，消费者联想到"天苍苍野茫茫"的"草原奶"（虽然现在已大大脱离草原）；提起农夫山泉，消费者会想到"大自然的搬运工"的"天然水"；提起枸杞，自然联想到"好枸杞可以贵一点"的"百瑞源"……

这就是品牌灵魂。

日本男前豆腐采用高价位的北海道大豆及冲绳岛的苦汁制作，味道浓郁，在品牌上赋予豆腐"男子汉"气概的形象与个性，品牌脱颖而出。

美国爱达荷土豆除了在包装上使用统一的认证商标之外，还通过各种方式让顾客知道，"如果餐馆使用的是 100％的爱达荷土豆，那么就让你们的顾客知道你们使用的是高质量土豆"。

一个品牌能够满足顾客的物质需求，这是最基本的要求，如果继而能够与顾客产生精神共鸣，甚至超出顾客的期待，那么这个品牌就可以持续地吸引住消费者，产生黏性、忠诚，那么这个品牌在顾客心里是排他的，是顾客的第一选择，进而形成对顾客的召唤。

品牌有魂三大好处：

一是价值更入心。有灵魂的品牌更易成为消费者的心中想、心头好，更易占据消费者的心智。

优秀品牌是植入消费者心智中的某一类产品的最优代表，能够在顾客的心智中实现预售（指名购买），是消费者的优先选择，就像亨氏代表番茄酱、加多宝代表凉茶、乌江代表榨菜一样。

二是传播更高效。有灵魂的品牌传播更有主线和一致性，形成叠加效应，成本更低、效率更高。

三是资本更青睐。有灵魂的品牌，更易引起关注和认同，形成更高的品牌溢价和无形价值的积累与升值，从而获得更多的资本青睐。

许加印带领恒大在房地产所向披靡，可是从高端饮料水到粮油市场狂风暴雨般地横扫过来，不差钱，也不缺少眼球和知名度，为什么屡战屡败呢？主要的也是根本的原因是在战略上无根，在品牌上少魂。

战略决定命运，品牌决定效益，创建农产品区域品牌就是要做有根有魂的事。

盱眙龙虾

一个国民级区域农产品品牌是如何养成的

　　小龙虾，一个神奇的物种。从无人问津的乡村特产，一跃成为一线城市的宵夜之王。从路边摊小吃，一个翻身，成了城市中产阶层的生活配置。它崛起的路径，与中国近十年来狂飙突进的城市和资本几乎同步。你吃的不是小龙虾，是中国的镀金时代。

　　中国小龙虾产业和中国美食碰撞产生了巨大推动力，而这股力量中，不得不提"盱眙龙虾"这一小龙虾产业和小龙虾美食的龙头。

三大法宝，成就国民级美食品牌

　　盱眙人吃小龙虾有40多年的历史，盱眙小龙虾产业从最初的"捕捞＋餐饮"起步，逐步形成了集苗种繁育、养殖、加工、物流、餐饮、文化节庆于一体的完整产业链。经过近 20 年的产业推动与发展，全县每 8 个盱眙人中就有 1 人，共计 10 万人，从事龙虾养殖、贩运、烹饪等，走上了脱贫致富的道路。

年交易量超 10 万吨，产业规模已达百亿，品牌价值 179.87 亿元（一直雄踞水产类榜首），年旅游人次 683.4 万，旅游业总收入 77.72 亿元。作为"中国龙虾之都"，盱眙无论是在龙虾养殖、龙虾交易、龙虾加工、龙虾餐饮，还是在龙虾节庆、龙虾文旅、龙虾品牌等各个方面都领先全国。

为什么是盱眙龙虾领先全国呢？湖北、安徽、湖南等地区，论自然条件、湿地资源、产业规模并不逊色。只是因为盱眙龙虾有三大法宝。

法宝一：餐饮化反拉产业化，让区域特产走向全国

盱眙人从消费市场培育着手，率先开创小龙虾餐饮模式。通过开办小龙虾烹饪学校，培训专业人才；利用山水盱眙的中草药资源，研发出全国闻名的"十三香小龙虾"爆品菜品；扶持当地龙虾餐饮企业，通过授权加盟，开拓全国市场。

目前，在全球范围内，盱眙龙虾餐饮的加盟店已经超过 1500 家，不仅覆盖了全国市场，甚至走出了国门，先后在美国、澳大利亚、马来西亚等世界 20 多个国家和地区授权盱眙龙虾加盟店。

法宝二：开创龙虾节庆活动，全球视野打造品牌大 IP

从 2000 年开始，为推动小龙虾产业发展，培育小龙虾餐饮市场，提升品牌影响力，盱眙县委、县政府决定创办"小龙虾主题文化节"，并且这一搞，就坚持了十九年。并且其规格和规模越来越高，一年一度的文化节晚会成为一线明星的盛典。

将一个废弃多年的巨型矿坑，改造成龙虾广场，成为盱眙国际龙虾节的固

定会址，可同时容纳 3 万人举行"万人龙虾宴"，创吉尼斯世界纪录。龙虾广场既是节庆广场，又是群众休闲健身广场，成为盱眙这座山水城市的文旅景点。

不仅如此，盱眙龙虾节还大胆走出去，先后在国内的南京、淮安、北京、上海、深圳、苏州、哈尔滨等发达城市举办巡回节庆活动，把盱眙龙虾美食文化的影响力，更为生动、直接地延伸到全国各地。

2008 年，龙虾节正式走出国门，先后在瑞典、澳大利亚、新西兰、美国、埃及、马来西亚等地举办龙虾节。2013 年面积 2000 亩的盱眙龙虾养殖基地在美国佛罗里达建立，成为世界感知盱眙、了解盱眙的又一扇窗口。

一业兴促进了百业旺。盱眙龙虾产业拉动盱眙旅游经济强劲增长，实现了从年游客量不足 30 万人到 300 万人的飞跃。盱眙国际龙虾节成为全球性的节庆大 IP。

法宝三：中国唯一龙虾博物馆，抢占文化制高点

为树立产业老大地位，传播龙虾美食文化，盱眙从文化抢占的高度于 2006 年 10 月，创建了中国唯一的龙虾主题博物馆。

盱眙龙虾博物馆总面积 1400 余平方米，采用图片、文字、实物、雕塑模型，同时运用声光电技术，使参观者可以在最短时间内对"盱眙龙虾"与"中国龙虾节"进行全面了解。

这既是盱眙龙虾的发展历程，也是中国龙虾产业发展的缩影。

继往开来：盱眙龙虾再跃龙门

在国家"乡村振兴""农业高质量发展"等政策背景下，整个小龙虾产业发展都面临转型升级。

2018 年 7 月，福来作为战略品牌顾问，投入到"盱眙龙虾"区域公用品牌打造这一项目上，推动盱眙龙虾从优秀到卓越，开启高质量发展新时代。

1. 巩固产业地位：定位"小龙虾美食发源地"

全球 20 多个国家和地区，1500 家盱眙龙虾餐饮，首创十三香小龙虾，连续 19 届龙虾节，全球"万人龙虾宴"吉尼斯世界纪录……

　　福来认为，盱眙龙虾"行业老大"的地位，小龙虾美食文化的发端和消费引领，要当仁不让地喊出去，抢先发声。

盱眙龙虾，引领小龙虾美食化，是小龙虾美食的发源地。盱眙龙虾的产业定位：小龙虾美食发源地。这是对地位的抢占，更是对品质的自信。

2. 重塑品牌价值：打造"小龙虾中的白富美"

福来认为，品牌的本质是"塑魂"。魂立则心动。没有灵魂的品牌，如行尸走肉，难以存活于心。品牌就是要有血、有肉、有灵魂！

盱眙龙虾之所以受到市场的追捧，源于其国家级生态县的环境优势和"三白两多"的品种优势，"三白两多"即：肉白、鳃白、腹白、肉多、黄多，这是盱眙龙虾的高品质基因，也是小龙虾爱好者最大的关注点。盱眙龙虾是高品质小龙虾、最放心的小龙虾。品牌灵魂呼之欲出——"高贵"，盱眙龙虾就是虾中贵族！

虾中贵族的灵魂，三白两多的品质，白净、肥美的小龙虾，使我们想到一个网络热词"白富美"，对了，小龙虾中的"白富美"，是对盱眙龙虾最好的注解。品牌口令诞生。

3. 抓主体：打造强势的经营主体和用户品牌

福来主张，农产品区域品牌建设需政府、企业双轮驱动，这也是我们需要解决的又一个核心问题，即经营主体弱，龙头小而不强。

（1）成立经营主体，塑造用户品牌"盱小龙"

产业发展缺乏一个真正具有带动力的经营主体。盱眙县委县政府主导成立"盱眙龙虾产业发展股份公司"，进行产业链整合及培育，发挥市场引领和推动作用。

作为主体企业，要打造一个什么品牌来面向消费者？盱眙小龙虾，简称盱小龙。我们的品牌名称就是"盱小龙"。简单易记好传播，抢占"盱眙龙虾"这一公共资源，同时名字自带强者属性，打造行业龙头。

（2）激发情感共鸣：龙的传人，爱盱小龙

品牌名确认后，盱小龙以什么样的口吻去跟消费者沟通？福来项目组认为，小龙虾，是美食届的超级网红，是年轻人的最爱，是吃出来的国民级美食。中

龙的传人，爱**盱小龙**

每一只小龙虾都源自国家级生态县——盱眙

盱眙龙虾　官方打造
小龙虾美食发源地　产地直供

国人是龙的传人，龙的传人爱盱小龙。

"龙的传人，爱盱小龙"，抢占"龙的传人"这一公共资源，同时，给予消费者强有力的购买理由，并且一句话体现出品牌自信、唤起民族自豪感。

（3）创意品牌图腾：最大公共资产，中国"龍"文化

福来认为，一个优秀的图腾，是消费者能一眼记住，并在终端一眼认出来的图腾。

跳出传统的小龙虾卡通造型，我们审视"中国龙"，发现汉字"龍"就是最大的文化资源，将汉字"龍"与小龙虾结合，于是形成了盱小龙的品牌图腾。这是对中国最大的文化基因和价值的抢占。

4. 建生态：推动区域品牌产业集群化发展

建生态，是指当盱眙龙虾产业主体企业发展壮大后，逐步带动小龙虾产业上下游企业和品牌成长，促进盱眙龙虾产业集群形成，在盱眙龙虾领域内形成错位竞争、共生共荣、可持续发展的良性产业生态局面。

虾稻共生：盱眙特色新模式，产业富民新引擎

农产品区域品牌的打造，不仅推动主导产业的发展，还能带动其他产业的联动和发展。这一点，盱眙"虾稻共生"理念和模式再一次引领全国。

"借力一只虾，做响一粒米"。"盱眙龙虾香米"是该县依托"虾稻共生"60万亩综合种养优势积极打造的继"盱眙龙虾"之后的又一力推品牌，是盱眙龙虾价值链的高效延伸，不仅创造了质量兴农、绿色兴农、品牌强农的生动实践，而且走出了一条"一虾先行、诸业并进"的高质量发展路径。

2018 年 9 月 20 日，在首届"盱眙龙虾香米·绿色丰收节"上，中国人民大学农发所品牌农业课题组将盱眙确定为品牌农业案例研究基地。课题组组长、本书作者娄向鹏出席丰收节并为盱眙授牌。

后记："娄镇长"与盱眙龙虾的不解之缘

2018 年 12 月，福来作为盱眙龙虾区域品牌战略咨询合作伙伴，提报了"盱眙龙虾区域品牌策划方案"，得到一致认可。同时，盱眙县委、县人民政府聘请本书作者、娄向鹏为"盱眙龙虾小镇名誉镇长"。

聘任仪式上，盱眙县委副书记高为淼表示，福来团队为盱眙龙虾产业做了很好的战略品牌顶层设计，这次县委县政府聘请娄向鹏先生出任盱眙龙虾小镇名誉镇长，希望借助他的智慧和资源，持续关注和推动盱眙龙虾产业发展，早日实现盱眙龙虾小镇梦。

一个国民级区域品牌，一个大 V 级品牌专家，缘分不断，小龙虾的大故事，精彩继续。

本书作者、福来董事长娄向鹏（右二）
被聘为"盱眙龙虾小镇名誉镇长"

中 篇

农产品区域公用品牌：
政府主导的品牌战略大戏

区域公用品牌是联合体企业品牌的基础
双轮驱动首先从区域公用品牌开始

对于区域公用品牌建设而言,品牌是战略抓手:注册一个商标,做个LOGO,创意一条广告语,开场发布会。这些非常重要,不仅要做,而且必须高质量地做好(事实上 90% 的区域做得并不好)。但光这些还远远不够,品牌之下还有很多事情。比如产业规划、品种选育、标准化、资源整合、平台搭建等。这些恰恰是企业做不了、做不好的。在区域公用品牌建设过程中,政府责无旁贷,当仁不让,绝对不可以失位。

区域公用品牌建设必须由政府来主导
这是一场品牌战略大戏,必须做好顶层设计

区域公用品牌建设,不单是品牌或产品策划,也关系到产业乃至区域经济的未来发展。这是全局性、领衔性、基础性的工作。

打基础,搭平台,充分为联合体企业品牌铺路与赋能。因此,必须站在全球视野,用全局思维和国家级品牌战略的高度,深入挖掘产业"根与魂",围绕根与魂,做好顶层设计。顶层设计决定着区域公用品牌的命运与前途。

农产品区域公用品牌都是有根有魂的
新时代区域公用品牌建设的王道,就是做有根有魂的事

橘生淮南则为橘,生于淮北则为枳。农产品讲究基因和血统。
独特的产地生态决定农产品品质,是区域公用品牌的价值源泉。
与生俱来的历史与文化,是农产品区域公用品牌的根与魂。
新时代农产品区域公用品牌建设的王道,就是做有根有魂的事。

第一节
战略寻根：构建农产品区域公用品牌的百年大计

（一）战略寻根，为区域公用品牌寻找持续发展的根基

大家一定学过《晏子使楚》这篇文章，主要讲齐国的晏子出使楚国，当楚王和晏子喝酒的时候，公差押着一个犯人见楚王。楚王想羞辱晏子，便问：捆着的人是干嘛的？公差回答：是个齐国人，犯了偷窃罪。楚王便对着晏子说道：齐国人都喜欢偷窃？晏子便道：听说橘子长在淮南就是橘子，长在淮北就是枳，现在齐国人在齐国不偷窃，到了楚国就开始偷窃，应该不会是和橘树一样，因为环境不好吧！

橘生淮南则为橘，生于淮北则为枳。农产品讲究基因和血统。这是区域公用品牌最具差异、最富价值和最有生命力的地方，也是为整个产业和产品提升价值的关键。

战略寻根就是挖掘农产品与生俱来的价值与禀赋，为区域公用品牌找到持续发展的根基，不仅代表着现在，还拥有美好的大未来。

1. 战略寻根是区域公用品牌顶层设计的第一步

福来认为，战略的本质是"寻根"。根深则叶茂。没有根的战略，做不强，长不大。战略之根是基于区域及市场生态环境做出的根本性抉择；然后围绕战

略之根，进行目标设定、路径规划，形成清晰的、可持续的区域公用品牌经营蓝图。

区域公用品牌能不能做大做强，取决于是不是进行战略性思考。

战略不是凭空而来的，制定战略的过程，就是战略寻根的过程。

战略寻根，就是寻求区域公用品牌生存与发展的依据和理由。

有根的战略才是扎实的、科学的、可持续的。如果战略无根，意味着区域公用品牌没有扎实的利基源点，就会导致想法多、无定力、易摇摆、力分散、做不强、长不大，也就没有持续发展的原动力，无法应对来自外部的各种竞争。

2. 战略寻根，就是找准自己的"地盘"

战略寻根，就是做出取舍，选择做什么、不做什么。因此一定要有前瞻性，要立足未来，规划现在，找准自己的"地盘"，然后再去匹配资源，搭建平台，夯实"地盘"，从而保证区域公用品牌可持续发展。

很多人认为，对于区域公用品牌，产业指向很清晰，如五常大米、烟台苹果，还需要选地盘吗？答案是肯定的。

放眼全国大米，南籼北粳，优质产区众多。苹果更是举不胜举。因此，必须找准真正属于自己的一亩三分地。

这里有两种情况，一种是假想地盘，要继续深挖

比如福来服务的内蒙古兴安盟大米。这是兴安盟盟委行署全力打造的一个区域公用品牌。兴安盟大米的地盘是大米，这种属于正确的废话，是一种没有意义的假象地盘。

有人说是内蒙古草原大米。说起牛羊肉哪里的好，内蒙古没有争议；说起乳品哪里好，内蒙古没有争议。但是，说到内蒙古草原大米，到底是什么情况？

当福来调研组问起消费者，内蒙古兴安盟产的大米怎么样时，很多人第一反应，包括很多内蒙古人，内蒙古不产大米呀！这就是真相。

不要代替消费者思考，不要试图改变消费者的认知，要顺应认知和占有认知，这是市场的本质逻辑。

东北大米好，全国人民都知道，做大米绕不开东北。

福来认为，兴安盟大米认知度目前比较弱，站在东北大米肩膀之上是最好的捷径。

兴安盟位于内蒙古的东北部，东北与黑龙江省相连，东南与吉林省毗邻，同属大东北，兴安盟居上游。兴安盟＝东北上游，从政治经济区划、地理区位、生态区域三个纬度都立得住脚。东北上游大米是兴安盟大米真正的"地盘"，也就是战略之根。

第二种情况：地盘多，无主次，需要抉择和培育

对于区域而言，往往多产业并存，因此首先是产业选择问题，要优先找到代表区域的特色产业，不能全域性全品类推进。选好特色产业再确定产业发展方向。

比如广西横县，地形地貌多样，自然资源丰富，百万人口大县，有诸多产业具有一定的规模和产业基础，做区域公用品牌是多业并举，还是单品类引领？我们的答案当然是从单品类切入，选择横县茉莉花打响区域品牌建设第一枪。

横县茉莉花作为横县品牌农业代表，一直以来花茶并举。福来接手项目后，首先思考横县茉莉花的战略之根，是花？是茶？

看自身：横县种植茉莉花已有千年历史，明朝嘉靖年间横州州判王济在《君子堂日询手镜》中记述：横县"茉莉甚广，有以之编篱者，四时常花"。

现在横县拥有10.8万亩茉莉园，33万名花农，年产近9万吨茉莉鲜花，实实在在占到全国的80%。

但是，由于横县不是茶的主产区，横县茉莉花茶的80%份额主要是大麻袋进大麻袋出的代茶加工。

深思熟虑，做出抉择，横县茉莉花战略之根要聚焦茉莉花，做好产业化，成为世界茉莉花产业中心。

从花茶到花，从世界茉莉花（茶）生产中心到世界茉莉花产业中心，一词之差，战略意图大不同。

世界茉莉花产业中心，这是产业发展的"根基"，这也是横县茉莉花放眼未来的"地盘"。

3. 如何寻找区域公用品牌的战略之根

战略之根是基于区域及市场生态环境做出的根本性抉择。

战略寻根，有目的，有依据，有逻辑，有道理，有方法。

战略寻根三大纬度：根本资产、根本趋势、根本竞争。

围绕三大方向进行检索、思考和决策，谁是区域公用品牌的战略之根？

战略寻根先从自身根本资产入手。

根本资产：有什么独特的优势，有什么别人不具备的基因

中国广袤的土地、多样的地理和气候条件，造就了品类繁多的特色农产品，区域公用品牌的战略之根一定不可以离开这一点，这是立足和发展的根本力量源泉，是最值得珍惜的有强大市场价值的根本资产。

对于农产品而言，产地文化、地理气候和历史名人名事名物都是区域公用品牌战略的根本资产。

山西小米谁正宗，唯有乾隆皇帝钦点的沁州黄。因为"沁州黄"占据了乾隆爷钦点的这个根本资产，在所有山西小米品牌中占得了先机。

无独有偶，容县沙田柚得乾隆皇帝赐名，被列为贡品，进献皇族，形成最宝贵的根本资产。

盱眙龙虾根植全球小龙虾美食发源地，在当下火爆的小龙虾行业，成就"吃出来的国民级美食品牌"，品牌价值179.87亿元，雄踞全国淡水产品榜首。

基因是最大的原因，区域公用品牌更是如此。

首先看看自身有哪些根本资产。福来认为，文化、生态、区位、技术、品质，都可以成为根本资产"海选"的对象。

还以兴安盟大米为例，项目组通过对兴安盟盟委行署领导访谈和当地文化采风后，梳理出五大根本资产：

文化资产： 新中国第一个省（区）级民族自治政权诞生地。红色兴安是兴安之魂、力量之源。传承红色基因，引领绿色发展。

环境资产： 兴安盟地处大兴安岭南麓，科尔沁草原与松嫩平原交汇区，水质无污染达标率100%，优良天数达到98%以上，是我国北方地区重要的生态功能区和生态服务区。

区位资产： 兴安盟位于内蒙古的东北部，东北与黑龙江省相连，东南与吉林省毗邻，因此兴安盟与东北大米两大产区是一"脉"相承。

技术资产： 兴安盟大米农林牧三位一体，蒙汉朝鲜三族智慧融合，袁隆平院士工作站强力技术支撑，这里是内蒙古自治区优质稻米之乡。

品质资产： 兴安盟大米油、透、亮、软、糯、香。在三亚国际水稻论坛上盲测获得第一名。据访谈获悉，每年黑龙江方面收走了60%优质稻谷。

这些都是兴安盟大米重要的资产，但是要跳出资产看资产，回归原点做思考，为区域公用品牌寻找到产业立基点和价值点。

这是战略寻根可能性的第一步，接下来还要放到社会和市场环境下进行可行性的验证。

根本趋势：顺大势，做大事，站在未来看现在

商业最大的挑战就是来自外部和未来的不确定性。

战略寻根，还要看外部变化，要看趋势。

趋势大于优势，要预见变化、洞察趋势，并与趋势站在一起。

根本趋势的要义就是能否站在未来看现在，要预判趋势在哪里，哪个领域符合未来发展发展和消费需求，做出坚定的战略判断，抓住潜在机会。

根本趋势主要从国家大势、行业趋势、消费趋势三点进行深入洞察。

首先，看国家大势：四大关键词，抓住主旋律。

做农业品牌策划必须了解国家对于农业的施政方针。农业作为国民基础性产业，历来是党中央、国务院工作中的重点。

2019 年中央一号文件题为《中共中央国务院关于坚持农业农村优先发展做好"三农"工作的若干意见》，是 21 世纪以来第 16 个指导三农工作的中央一号文件。

看国家大势，主要有四个关键词：

关键词一：生态文明。

绿水青山就是金山银山。保护生态环境就是保护生产力。

良好生态环境是最公平的公共产品，是最普惠的民生福祉。

2017 年 10 月，"增强绿水青山就是金山银山的意识"写进《中国共产党章程》。2018 年 3 月，十三届全国人大一次会议表决通过《中华人民共和国宪法修正案》，把发展生态文明、建设美丽中国写入宪法。

生态产业化，产业生态化，就是国家大势。

生态是兴安盟最大的潜力和优势。兴安盟委行署立足生态资源，重点培育

"米、菜、油、糖、猪、禽、牛、羊"八大主导产业，用生态为产品赋能，实现兴安盟生态产业集群化发展。

关键词二：品牌强农。

2018年中央一号文件提出"执行质量兴农、绿色兴农、品牌强农"战略，深入推进"农业绿色化、优质化、特色化、品牌化"。

美国农业最大的特点是全产业链品牌化。在中国，品牌建设近年来受到国家各个层面的高度重视，更被视为推进经济社会高质量发展的有力手段之一。

品牌强农是经济高质量发展的迫切要求，是推进农业供给侧结构性改革的现实路径，是提升农业竞争力的必然选择，是促进农民增收的有力举措。品牌化是农业提质增效的战略抓手。

寿光作为世界级农业专著《齐民要术》的发源地，30年来勇于开创，先行先试，成就中国设施蔬菜老大的地位。走进农业新时代，寿光蔬菜顺应国家大势，结合自身优势，开始走向高品质特色化道路，并牵手福来，共同打造寿光蔬菜区域公用品牌，构建寿光蔬菜联合体企业品牌，通过品种领先、品质领先、品牌领先，肩负起富农、强农，带动一方经济的产业使命。

在寿光蔬菜区域品牌咨询启动会上，本书作者娄向鹏
（右一）向寿光市市长赵绪春赠送《大特产》一书

关键词三：供给侧改革。

中央农村工作会议2015年12月24日至25日在北京召开。会议强调，要着力加强农业供给侧结构性改革，提高农业供给体系质量和效率，使农产品供

给数量充足、品种和质量契合消费者需要，真正形成结构合理、保障有力的农产品有效供给。

随着供给侧改革的推出，农产品进入由追求产量到追求质量、由大众品种到特色品种、由输出产品到输出品牌的新历史转型时期。

盱眙是小龙虾天赐的福地，有 125 座中小型水库，水质清澈无污染，有 100 多种藻类水草，被誉为"小龙虾的故乡"。盱眙县委书记梁三元表示盱眙龙虾这个品牌作为一种无形资产，就是质量，就是市场号召力。盱眙龙虾坚持高品质路线，成立"龙虾产业院士工作站"和"龙虾产业研究院"，聘请行业专家研究，提速小龙虾繁育、养殖技术的科研，攻克成活率低、品质退化、个体小出肉少、季节生长周期短等技术难关。盱眙龙虾通过质量对抗数量，优质优价，实现可持续良性发展，成就富民强县的特色产业。

关键词四：食品安全。

食品安全是头等大事，是"高压线"。

2017 年 1 月 24 日，习近平总书记在张家口调研时指出：食品安全关系人民身体健康和生命安全，必须坚持最严谨的标准、最严格的监管、最严厉的处罚、最严肃的问责。

2019 年 2 月 24 日，中共中央办公厅、国务院办公厅印发了《地方党政领导干部食品安全责任制规定》，为保障食品安全提供了长效机制。

对于农产品而言，最基本的需求就是安全，然后是更优质、更健康、更好的口感和特色。品牌实现产品溢价，食安保证产品走得更远。

其次，看行业趋势：把好市场脉搏，迎接价值竞争新时代。

每一个区域特色农产品，就是一个品类，要迎接来自市场上方方面面的挑战。只有抓住行业发展脉搏，才能知道未来往哪里走。方向错了，执行越到位，偏差越大。

趋势一：从高速增长到高质量发展。

中国经济进入新常态，人民对美好生活的向往成为社会主旋律。党的十九大适时提出推动我国经济由高速增长阶段转向高质量发展阶段，经济结构调整要从增量扩能为主转向调整存量做优增量并举。

从 GDP 到 GEP 的美丽中国就是趋势的最好佐证。

趋势二：从价格竞争到价值竞争。

随着消费观念升级，农产品已从价格竞争开始转向价值竞争，逐渐呈现品牌化、品质化趋势。

品质化保证走得更远，品牌化才能实现产品溢价。好东西就要贵一点。农产品一定不能贱卖。

通过优质优价路线，倒逼产业升级，推动品质化、价值化，才是中国农业的出路，才是中国农民的出路！

同样是苹果，来自美国的华盛顿苹果，坚持高品质定位，采用标准化种植，坚守全球最严格的等级标准，除了苛刻的外部质量，还必须满足苛刻的内在品质标准。其中红地厘蛇果必须达到最低 11% 可溶性固形物，金地厘蛇果必须达到 10.5% 可溶性固形物含量的最低要求。市场上常见的高品质高价格进口苹果大多来自华盛顿，其中最知名的是红蛇果。华盛顿苹果的品牌宣传语为 "No other apple comes close"，意思是 "没有其他苹果可媲美"，表露了 "世界苹果王者" 的自信与霸气。根据美国农业部的数据，华盛顿苹果占州农业总产值的 22%。

趋势三：从小农经济到联合体经济。

当今市场的竞争已不是单个主体的竞争，而是整个产业链的竞争。从小农经济到联合体经济是大势所趋。

联合体经济是由一家龙头企业牵头、多个农民合作社和家庭农场参与，用服务和收益联成一体的农业组织形式，这是农业产业化发展到新阶段的必然产物。

截至 2018 年底，全国县级以上农业产业化龙头企业达 8.7 万家，国家重点龙头企业达 1243 家，各类农业产业化组织辐射带动 1.27 亿农户，户年均增收超过 3000 元，为新形势下农户分享农业产业发展成果、促进乡村振兴开辟了一条新途径。

2018 年 1 月 21 日，在"新时代农产品区域品牌建设高峰论坛暨农产品区域品牌联合体模式发布仪式"上，本书作者娄向鹏（左一）提出组建农产品区域品牌联合体的主张

再次，看消费趋势：品质生活，由温饱型转向享受型。

中国人均 GDP 突破 9000 美元，消费需求结构已由温饱型转向享受型。

消费发生根本转变，消费者更加追求产品的健康、品质与特色，更多人愿意为品质、品牌、文化价值买单。

央视公布 2017 ~ 2018 年度"中国美好生活指数"为 102.44，意味着目前人们的整体生活质量正在向着更加美好的方向提升，人们向往美好生活的意愿更加强烈。

根本趋势的洞察，一个关键是前瞻性。这是战略寻根的重要原则。

战略要依据环境和趋势，战略要顺应环境和趋势，战略要反映环境和趋势，要基于国家、行业和消费趋势，做出前瞻性判断。

小贴士：
美好生活指数是测度一个国家或地区居民幸福程度的一套指标体系。将"100"设定为人们对美好生活的平均满意度，代表了美好生活"适宜"的状态。

根本竞争：跳出区域品牌，竞争对手到底是谁

同样的需求，不同的满足方式，就构成了竞争格局。

对于区域公共品牌竞争洞察，要有全球视野，既要看到国内，又要看到国际。

中国是猕猴桃的原产地。周至、西峡、蒲江、眉县、修文等，中国诸多优良产区，却严重缺乏真正的大品牌。跳出竞争看竞争，最主要参考系对手是新西兰佳沛奇异果。

苹果品类：烟台苹果、洛川苹果、灵宝苹果、栖霞苹果、白水苹果、静宁苹果、阿克苏苹果、花牛苹果、万荣苹果，区域品牌众多，跳出竞争看竞争，最值得学习和借鉴的对手，从品种上是日本红富士，从品牌上是美国华盛顿苹果。

同样做橙子，不仅要对标赣南脐橙，更要对标美国加州脐橙与巴西橙。

农产品品类多，不同品类，面对不同竞争对手。有的来自同省、同市，有的来自全国，有的来自全球。国外的潜在威胁不容易忽视。

通过从根本资产、根本趋势、根本竞争三个维度，进行全面深入的营销生态洞察，就会清晰地知道我们有什么、事业根植于何处、边界在哪里、应去向何处？也就是找到了战略之根。

好战略之根两大标准：

首先是简单，一句话能说清楚。比如兴安盟大米的战略是东北上游生态大米。

其次是面向未来。巴菲特说过，你上哪条船，比努力划船更重要。雷军的风口论：站在风口上，猪都能飞上天。福来有句经典名言：做大事，顺大势。

回到战略寻根，要回答两个问题：一个是在哪竞争，也就是选地盘。另一个问题是知止，就是选择不做什么。没有一个品牌全线出击还能获得成功的。

（二）战略目标：围绕战略之根，进行目标设定

对于目标的设定，要遵循两大原则。

原则一：立足未来，规划现在

战略目标是一种整体性要求。它虽着眼于未来，却没有抛弃当前；它虽着眼于全局，但又不排斥局部。

科学的战略目标，总是对现实利益与长远利益、局部利益与整体利益的综合反映。因此，战略不能以现在规划未来，要以未来推导现在。

以横县茉莉花项目为例，在战略目标设定上为什么打造世界四大花都？这也是基于未来横县——世界茉莉花产业中心的战略之根，制定匹配的战略目标，用全球视野指导横县茉莉花产业发展之路。

原则二：摆脱现有资源的限制

我们需要脱离与自己的过去相比较的惯性思维，死守过去是人为地给自己设置限制。

同时，战略要摆脱现有资源的局限，远大的战略抱负一定是与现有的资源和能力不对称的。

现有目标一定要高于现有资源配置，以未来目标来决定现有资源如何配置，

2012 年 1 月 13 日，联想控股进军现代农业，领军人陈绍鹏（右一）
率队访问福来，与作者共同探讨联想农业的战略品牌之道

以及应该整合哪些新资源共同支撑。与其纠结是否可行，不如探讨如何实现！

营销的本质是差异化，战略目标就要当老大。

过去山东苹果是老大。洛川苹果自1947年引进种植以来，经历了种植、品牌构建、质量监管、文化引领四个阶段。几十年如一日，一步一步成为全国县域苹果老大。

老大战略是个细分过程：做不了全球老大，做全国老大；做不了全国老大，做全区域老大；做不了全区域老大，做全品类老大。一定要认真思考老大背后的战略逻辑。

好的战略目标设定会给整个区域经济带来方向感、探索感，会激发区域巨大的创造力和张力，引领区域经济积极向前发展。

真正伟大的品牌，在创立之初就有远大的抱负。

设定好战略目标，就是明确了战略意图，接下来还要有战略地图，也就是规划好战略路径，做好战略配称。

（三）战略配称：优品种，提品质，拓业务，搭平台

一个恢宏的战略目标总是让人兴奋的，但只有战略目标，没有可行的方法路线，战略就是做梦。

基于战略目标，做好战略配称，支撑并推动可持续发展的战略选择。

1. 优品种：产业和区域公用品牌的起点

品种是品类、产业和品牌的起点，是核心竞争力之一

特色品种对于农产品区域公用品牌来讲，是市场竞争的起点，也是边界，是创立品牌的源头，也是核心竞争力所在。

如果没有特色品种、优势品类和产业，区域公用品牌就没有未来。

优品种，就是在品类、产业和品牌的源头上纯化优化产品品质。

五常大米好，其实是并不是所有五常产的大米都那么好，最能代表五常大米优异品质的是"五常稻花香二号"。

湘村黑猪不是凭空叫成黑猪就成功的。它的品质好，首先源于优秀的品种。湘村黑猪是以湖南地方品种桃源黑猪为母本，以引进品种杜洛克猪为父本，经杂交和群体继代选育而培育的国家级新品种。

湘村黑猪于 2012 年 7 月通过国家畜禽遗传资源委员会审定，是湖南省目前唯一通过国家品种审定的具有自主知识产权的畜禽新品种，现已跻身全国五大生猪品牌。

优质品种是区域公用品牌内在要求

许多初做农产品区域公用品牌的人对做品牌常有一种误解，认为做品牌就是包装，就是做形象，就是传播和炒作知名度，其实品种、质量是品牌的内在要求。

稀缺的、优质的品种不一定能够做成品牌，但是品牌产品一定是品质可靠的、稳定的和优质的。

华盛顿苹果每年以 24 亿美元的销售额领跑全美，其研发的新品种——宇宙脆将于今年进入商超系统。宇宙脆由 Enterprise 苹果和蜜脆（honey crisp）苹果杂交而来，红皮黄肉、口感清脆，果肉有质感、甜度高，切开后褐变过程缓慢，储存过程中味道和口感均不易变化。据华盛顿州 Yakima 专利品种管理副总裁 Kevin Brandt 描绘，宇宙脆的种植或将取代嘎拉、富士、金冠等老品种苹果。目前在美正式开展发布活动，预计今年将来到亚洲。

褚时健老人说起他的橙子滔滔不绝，如数家珍，但是他说得最多的还是品种和质量。他说，产品如果不好，我名气再大，消费者也不会持续购买。

褚时健培养的橙子把传统橙子中白色的硬梗和絮状物过多问题降到了最低，这些细节也许很多地方的橙子生产者连想都没有想过，这些功夫也许在许多年后同行才会感觉到差距。

为了推进兴安盟大米绿色高质量发展，兴安盟委行署携手中国工程院院士、世界水稻育种专家、杂交水稻之父袁隆平成立兴安盟袁隆平水稻院士工作站，开展对现有水稻品种进行适应性选育、研发及品质提升工作，对优质高产水稻品种进行研发，全力支持兴安盟水稻产业高质量发展。

品种选择要用产业和区域公用品牌的观点衡量

做农业品牌，要有产业观点，一家一户、数量少的产品，再优质的也做不成品牌。所以，品种和产品品质如何，要用产业观点衡量。

首先，要有适度规模。

独特的品种和优异的质量如果达不到一定规模，是做不成品牌的。如果没有消费者对品牌的反复体验、累积认知，品牌怎么建立？同时，没有规模，生产管理、品牌营销都是不经济的。

比如火热一阵子的"农超对接"，许多地方的农特产品好不容易对接上了，一卖就没有了，并且品种质量不统一，今天一个样，明天一个样，这只能算救急扶贫，不是做品牌。

和牛是产自日本的高级牛种，和牛肉是目前世界上最昂贵的牛肉，尤其是产自兵库县的神户牛肉，每年的产量在3000头左右，而能够达到顶级神户牛肉标准的每年约为400公斤，真正和牛根本走不出来。名气大，产量少，也很难形成产业品牌经济。

其次，要建立强有力的技术支持。

有一种认知误区：农产品尤其是欠发达地区的农产品不需要多大的科技含量。其实恰恰相反，农产品之间高度同质，特别需要科技为产品增值，创造差异。

宁夏枸杞龙头企业百瑞源，紧紧牵住科技创新这个"牛鼻子"，形成以创新为引领的经济体系和发展模式。联合自治区农林科学院、国家枸杞工程技术研究中心六位专家历时五年，潜心培育出了枸杞新品种"宁农杞 2 号"。该品种枸杞果粒大、果形长、营养价值高，在品种上让百瑞源获得了无法比拟的优势，是同行很难在短时间内追赶上的。

广东省江门市新会柑橘是全国唯一一个"吃皮为主、皮比肉贵"的柑橘品种。为推动新会柑橘规模化、标准化发展，提升柑农整体收益水平，近年来，新会从强化种质资源保护（建设种质资源库）、推动绿色标准化种植、提升监督管理能力等方面入手，推动种植规模与质量提升。新会柑橘不仅是江门市新会区的特色产业，更成为江门市新会区的富民产业。

第三，要培育自有知识产权新品种。

如果没有特别突出的特色品种，也没有哪个品种体量比较大、成规模，我们主张：品牌必须代表品类，没有特色品种和优势产业，就要培育特色品种和优势产业。

新西兰奇异果并非产自本地，品种源自中国。其产品和产业从无到有、从有到优，并且还培育出中国本土没有的新品种——金果。后来几千家奇异果种植户整合抱团发展，现在，新西兰佳沛奇异果成长为全球最著名的水果品牌。

樱桃谷鸭的教训更值得警醒。樱桃谷鸭是英国樱桃谷公司从北京引进原种经过改良育出的新品种，卖遍全世界，打败中国品种。幸运的是，首农和中信联手，15 亿全资收购英国樱桃谷鸭，这样中国每年 25.5 亿只鸭子不用再交数亿元的专利费了。百年前流失的品种回归中国，育种技术和专利权由我国全部掌控。

联想进入农业，在四川省蒲江县投资发展猕猴桃产业，将 IT 领域管理经验用于指导猕猴桃全产业链发展，同时下大功夫研发出了全球独家专利品种佳沃金艳果猕猴桃。其突出特点是果肉金黄色，果大美观，完全不需要使用膨大剂，糖酸比例适中，更适合中国人口感。

2. 提品质：技术和管理双加持

中国农业最短的短板是什么

有的人说是技术、规模或者品牌。其实，中国农业最缺乏的是社会化大生产的组织与管理。

中国农业太分散，太缺乏组织，太缺乏协作，难以标准化，品质不稳定。农民一家一户分散的小生产与消费大市场以及高度发达的现代商业环境严重矛盾。这个矛盾的解决程度决定着农业现代化的程度。

国外先进农业发展和我国农村经济的实践告诉我们，发展品牌农业，必须从产品经营上升级，从分散的、小农式的，只关注农产品生产，升级到农业发展方式，即如何产业化和现代化上来，即从产品到产业、从管理到营销，再到特色园区建设、产业集群、区域经济的发展。这才是农业现代化的步骤、路径和方向。

而上述一切，都有赖于大分工、大合作；而大分工大合作的实现，就是在政府主导下组织分工和管理的过程。

只有管理的加持，品质才会有保证

农业农村部、国家发展改革委、财政部等六部门联合公布《关于促进农业产业化联合体发展的指导意见》，就是要培育发展一批带农作用突出、综合竞争力强、稳定可持续发展的农业产业化联合体，解决中国农产品经营规模低、生产成本较高，标准化差、竞争力偏弱问题。

品质背后是组织化和管理化水平。政府主导的所有工作其实都是管理，优品种也是在有组织有管理之下完成的。

只有通过技术和管理的加持，构建标准化体系，实现农产品标准化，品质才会提升，才会有保障。同时通过提品质，倒逼产业升级，保障产业走得更远。

新西兰奇异果通过组织化统一管理，几十年如一日，将 2700 个果农联合起来，从品种选育到果园生产、包装、冷藏，再到运输、配售及广告促销等环节的配合，集中了原来每个果农单一的力量，以单一的窗口形成系统化的操作流程，成功地将奇异果销售到全球 70 多个国家和地区。

美国普渡鸡也是典型的案例。为了让出售的鸡与众不同，普渡先生首先对鸡进行了改良。他用生物杂交以及使用特殊的饲料，使得他的鸡不但品种上与其他鸡不同，重要的是鸡皮和平常看到的鸡不一样，变成了金黄色。在加工环节，通过专门设计的风洞解决了困扰顾客的残留鸡毛问题。另外，普渡先生还优化销售环节，相对于其他冻鸡产品，他的鸡肉直接通过冷藏车运输，送到零售商手中时还是新鲜的。美国普渡鸡通过这些方法，一眼就可以看出差异，深受客户青睐。

普洱市在建设普洱茶品牌时，着力打造名山普洱茶品牌，发起成立了景迈山企业诚信联盟。联盟执行了高于国家标准的联盟企业标准，产品农药残留项目由33个增加到104个，并且要求不得检出,污染物限量项目由2个增加到8个。管理出品牌，从此，从景迈山走出来的普洱茶第一次有标准、有标识、有监控、有检测，可识别、可查询、可追溯、可信任，让消费者第一次明明白白消费高品质的景迈山古茶林普洱茶。

2018 年 7 月 12 日，全国蔬菜质量标准中心在寿光正式成立。山东是传统蔬菜大省，寿光是"中国蔬菜之乡"，是全国最大的蔬菜生产和集散地，全国蔬菜质量标准中心的成立，对于加快山东乃至全国蔬菜产业提质增效，全面提升蔬菜质量标准水平意义重大。

中国农业，尤其是产业端的工作绝对离不开政府，特别需要也只能依靠政府主导。产业规划、主打品类选择、基地的规划与建设、政策和资金扶持，社会资源的整合，农民的组织，组建有实力的市场经营主体，都需要政府主导，否则提品质就是一句空话。

3. 拓业务："1+N"模式，实现一二三产业融合

对于农产品区域公用品牌项目来说，战略目标明确后，业务上如何支撑？到底能做什么业务？该做什么业务？如何明确核心产业、支持产业、配套产业、衍生产业？

在拓业务上，福来提出"非常1+N"模式，也就是1大核心业务，N大重点业务，打通一二三产业，实现一二三产业融合发展。

业务布局一定要围绕并强化主打品类和主导产业展开，确定了主打品类和主导产业，就要坚定不移、毫不动摇。

全球十朵茉莉花有六朵产自横县，横县茉莉花是绝对的老大，但是，这个老大是隐形的，品牌不显现，溢价能力不强，跟世界级四大花都许多方面有差距。如何让茉莉花从幕后走向前台？

强龙头、聚集群。福来为横县茉莉花制定"非常1+9"业务模式。1就是茉莉花，这是战略引擎。有了这个1，后面的0都有意义。通过标准化、品牌化和国际化，实现横县茉莉花从花茶原料生产中心向世界茉莉花产业中心升级。

9指9大产业。按照全产业链思维，以横县茉莉花产业为载体，将延伸出茉莉花茶、茉莉盆栽、茉莉食品、茉莉旅游、茉莉用品、茉莉餐饮、茉莉药用、茉莉体育、茉莉康养等横县茉莉花"1+9"产业群。

同时，打造精品文旅线路，升级茉莉园种植园，建设茉莉花茶加工园区，规范建设两大茉莉花集中交易市场，打造世界级茉莉花主题公园，形成闻花香、看花海、听花曲、品花茶、尝花宴、沐花浴、庆花会的横县茉莉花产业生态圈，将横县茉莉花的价值发挥到极致。

4. 搭平台：为企业和农户提供良好的政商环境

政府搭平台，企业唱大戏

搭平台是指在政府的主导下，为企业和农户提供最好的政商环境，包括搭建地方政府产业政策、金融政策平台，整合技术、科研、质检、标准、评奖、品种独家申报保护平台，对接溯源信息服务平台、外部金融资本、渠道资源、电商销售服务平台，借势公用或者国家的传播推广平台……

寿光市围绕"高品质、特色设施蔬菜"战略目标，搭建六平台，构成寿光蔬菜智慧农业体系。

科技平台：国家现代蔬菜种业创新创业基地研发中心、全国农业农村信息化示范中心、国家蔬菜质量监督检验中心。

标准平台：国家蔬菜质量标准中心，运用区块链技术完善追溯体系。

监管平台：网格化管理，层层监管，三级检验准出。

人才平台：升级贾思勰农学院，与国际国内高校战略合作。

销售平台：建立集检测、交易、电商、物流于一体的中国蔬菜智慧交易中心。

基金平台：寿光蔬菜产业发展基金，打造孵化平台，构建产业生态圈。

丽水市政府为丽水生态农产品搭建了集生产、产品交易、质量追溯、监管、农业大数据等于一体的综合性平台——壹生态精品农业信息化服务系统。这不仅是销售体系，还是丽水生态农产品的质量保证体系。

搭平台，必须要有战略高度

搭平台是战略的配称，是根据战略之根决定资源配置。因此，搭平台必须要有战略高度。

比方，江苏盱眙是小龙虾之乡、小龙虾美食文化的开创者。湖北潜江也是小龙虾大发展的地方，甚至规模比盱眙还要大。他们都要搭平台，但搭平台的战略目的和目标是不同的。

盱眙搭平台要解决什么问题？是要解决小龙虾高品质发展的问题，这是他的战略。因此与中国水产科学研究院合作，提速小龙虾繁育、养殖技术的科研，攻克成活率低、品质退化、个体小出肉少、季节生长周期短等技术难关。而同为小龙虾之乡的湖北潜江，它的平台围绕继续扩充产业规模、以量取胜的战略展开，那么他的平台和平台的侧重点就会与盱眙不同。

容县作为中国沙田柚的发源地，通过申报中国重要农业文化遗产，抢占文化制高点，夯实行业地位。

政府主导搭建十大平台

认证平台：两品一标的注册、认证，区域公用品牌授权使用规范的规定。

申报平台：申报相关的国家重点扶持项目（比如中国特色农产品优势区、现代农业产业园等）、申报物质文化遗产和非物质文化遗产、农业文化遗产、科技示范基地、文化遗产。

科技平台：优质品种的确定，国家级、省级优质品种的申报、认证和保护、权威机构的奖项；以及科技部、农业农村部国家农产品加工技术中心的申报。

标准平台：建立产品质量标准及监督体系。

监管平台 ：产品追溯体系与信息采集分析中心。

人才平台：与高校和科研单位共建人才中心，做好人员培训。

市场平台：建立实体交易市场、期货市场与电商交易（服务）平台，举办城市推介会、农业及行业展会。

农业金融平台：与金融公司合作，开展融资、担保、信贷服务，支持有技术有能力的中小企业开展区域公用品牌中的品种、技术、培训和营销工作。

产业发展基金：针对公共事业、品牌策划、传播推广、支持企业做市场（如全国开店）专项发展基金。

传播平台：政府支持搭建和整合的传播推广平台。

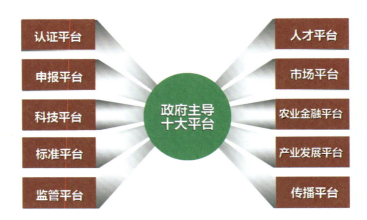

政府主导，借第三方平台

借第三方社会化服务平台，如技术、科研、市场、传播、策划等平台。比如，2019 年 5 月 30 日刚刚成立的神农合作组织，由政策研究、产业规划、行业协会、科技、标准、品牌战略咨询、创意设计、渠道网络、媒体传播、投资机构等优秀农业服务机构组成，将在全国遴选 100 个农产品区域公用品牌和农业企业（产品）品牌重点支持与培育，打造有强势竞争力的区域或国家级名片品牌，这就是很好的第三方战略平台。

（四）实施路径：有主有次、有先有后、有明有暗

在区域公用品牌建设过程中，福来发现不少县域有多个产业，还都有一定

产业基础。面对这种情况怎么办？目前，从省域、市域到县域，许多地方采取打造全品类全域性的区域公用品牌模式。客观地说，这种品牌做法的确存在一定误区。其中最直接的问题是政府工作没有抓手，龙头企业经营没有抓手，消费者选择没有抓手（详见附录文章）。这与做品牌的目的和意义背道而驰。

在区域公用品牌建设上，欲速则不达，必须坚持"有主有次、有先有后、有明有暗"的原则。

1. 有主有次，明确产导产业

首先，选择能代表县域的主品牌，聚心聚力，优先建设，形成龙头带动效应、光环效应和眩晕效应，这就是战略的"1"。有了"1"，你会发现，它对整个区域其他产业和文化旅游的带动作用是非常强的。这恰恰是区域公用品牌的价值所在。这也是福来一直反对全品类全区域品牌打造的重要原因。如何选择主体品牌，福来认为标准有三。

一看产业有没有可能做成全国老大？只有做成老大，才有定价权和话语权。能不能做成老大，不光看自身，还要看全国竞争格局、全球竞争格局，有没有做成全国老大的可能性。

二看产业能不能做出附加值。只有做出附加值，才能带动地方经济和农民增收，保证产业良性发展。

三看产业是否符合市场未来的消费趋势。趋势大于优势，站在风口上，顺风顺水快发展。

河南省西峡县拥有"菌、果、药"三大主导产业，但是从 20 世纪 90 年代开始，该县把以香菇为主的食用菌作为富民"一号工程"重点发展，该县已建立 15 个香菇专业乡镇，"一村一品"香菇专业村 110 个，还注册了"西峡香菇"商标，与 30 多家获得自主进出口权的企业建立了西峡香菇标准化产销联合体。目前，西峡香菇总产量突破 20 万吨，综合效益突破 60 亿元，全县农民纯收入的 60% 来自香菇产业，成为中国最大的香菇集散地，而且还诞生了仲景香菇酱等著名深加工产品品牌。

宁夏则在众多特色产业中首先聚焦枸杞，打造中国枸杞之都。

2. 有先有后，排好队列梯次发展

时间、精力以及资源总是有限的，对于区域而言，再多的优势产业也不要齐头并进，要有先有后，梯次推进；不然个个吃不饱，个个养不大。平均用力培育不出有竞争力的产业和品牌。

兴安盟 6 万平方公里的土地 1/3 是草原，1/4 是森林，1/10 是自然保护区，农牧业条件得天独厚，是国家重要的绿色农畜产品生产加工输出基地。兴安盟盟委行署规划"米、菜、油、糖、猪、禽、牛、羊"八大主导产业，但是在区域公用品牌打造上，优先打造兴安盟大米：种植面积 120 万亩，水稻产量70 多万吨，占内蒙古自治区总产量的 60%。"三品一标"认证企业达到 29 家，兴安盟大米产业优势明显，成为优先发展的产业，大米带动大生态，成为兴安盟生态集群战略的排头兵。

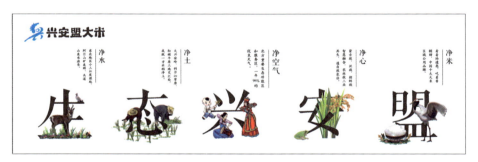

3. 有明有暗，明确承担使命

比如：广西南宁下辖的横县，全县人口 113.7 万，其中农业人口 100.7 万，算是农业大县，有横县茉莉花、横县甜玉米、横县双孢菇、横县大头菜等十大产业，在全国都能排到前列。那么，重点打造哪一个？区域品牌根植于何处？

横县县委、县政府充分论证，基于茉莉花国花基因，基于横县产业优势，制定以横县茉莉花为主，打造"山水古横州，东方茉莉城"的横县定位。这是品牌明线，树好品牌形象，在消费者心智中植入"横县"的品牌认知度和美誉度，进而赋能、带动其他产业（暗线）和区域经济整体发展。使命明确，目标清晰，才能保证多产业协同发展，而不是相互干扰，模糊区域品牌认知。

从目前的中国国情来看，我们认为县域依然是区域公用品牌创建的主战场，其次是市域，最后是省域。

战略寻根解决了区域公用品牌事业根植于何处，解决了品牌持续发展的根基。

接下来的品牌塑魂就是要解决区域公用品牌能提供什么样的顾客价值，以及如何实现与消费者的高效沟通。

第二节
品牌塑魂：塑造区域公用品牌永恒价值

2019 年 3 月 4 日，习近平总书记在参加全国政协十三届二次会议时强调："一个国家、一个民族不能没有灵魂。"

福来认为，农产品区域公用品牌建设更是要为品牌塑魂。

（一）品牌的本质是"塑魂"

福来认为，品牌的本质是"塑魂"，魂立则心动。品牌就是要有血、有肉、有灵魂。

没有灵魂的品牌，如行尸走肉，难以存活于心；有灵魂的品牌，价值更入心，传播更高效，资本更青睐。

什么是品牌灵魂

品牌灵魂是直击人性的品牌态度和价值主张，是消费动因，是竞争差异，更是自身优势。当企业及产品的某一物质及精神特性能够穿越竞争品牌的价值真空或弱点，并且能够击中目标人群的物质及精神需求，那么，企业或产品的这一特性就是强有力的品牌灵魂。

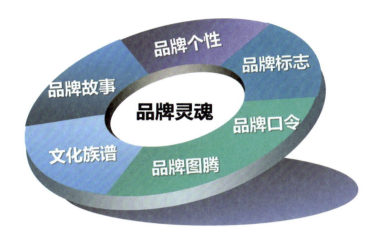

（二）如何挖掘区域公用品牌灵魂

前文讲过，区域公用品牌都是有根有魂的，品牌塑魂就是先要找到其差异化的顾客价值，然后将其植入消费者心智。

品牌灵魂是面对消费者的，是与消费者沟通的。随着80后、90后为代表的新中产阶层成为消费主力军，随着消费观念从吃饱吃好到吃特色吃健康，随着消费关注点开始从价格转向价值，很多消费者愿意且有能力为品质、文化和消费体验买单，而这正是农产品区域公用品牌的机会。

但是，需要特别指出的是，区域公用品牌的灵魂面对的不仅是一个一个的普通消费者，还有行业、媒体、企业、互联网平台以及B2B客户，因此要有自己独特的逻辑。福来认为，需要从地域价值和消费价值两个维度展开。

洞察目标消费者，有人关心消费价值，有人关心地域价值。最完美的品牌灵魂是两者兼顾，客观说，这事可遇不可求。

但是，有一点要做到，区域公用品牌的灵魂必须是经典的、永恒的、可持续的！

1. 文化是区域公用品牌灵魂的"富集地"

农产品区域公用品牌如何挖掘品牌灵魂？首先从文化入手，因为中国农产品更有文化性，更有文化底蕴，也更有优势。

但是，文化不是目的，是为区域公用品牌服务的，是与目标消费者沟通的。因此，文化不能泛化、虚化，一定要市场化、价值化。

文化的八大类型

世界文化： 立足区域，抢占世界文化制高点，如横县茉莉花。纵看茉莉花的千年史，从丝绸之路到唐太宗、慈禧太后，再到周恩来总理、北京奥运会，再到国家"一带一路"的倡议，茉莉花成为友谊之花，成为一个世界级中国文化现象。全球 10 朵茉莉花，6 朵来自广西横县。世界文化为横县茉莉花品牌赋能，形成横县茉莉花品牌灵魂。

皇家文化： 容县沙田柚，挖掘乾隆皇帝与沙田柚的历史，构建乾隆爷爱吃的柚子的品牌灵魂。沁州黄小米、公主岭玉米，均属此类。

产地文化： 盱眙龙虾，开创餐饮模式，推广并带动小龙虾美食普及与发展，首创十三香口味，举办全球"万人龙虾宴"，基于盱眙在小龙虾美食上的地位，挖掘小龙虾美食发源地的品牌灵魂。对于区域公用品牌，产地文化基因是重要的品牌灵魂之一。

历史文化： 农产品都是有历史的。生长在和田的核桃是中国核桃的鼻祖，有公元 3 世纪张华著《博物志》为证："张骞使西域，得还胡桃种"。福来基

于历史，为果之初核桃挖掘"这里的核桃 1300 年"，成为其品牌灵魂。

工艺文化：文化有时是一种工艺技法的经典与传承。乌江榨菜率先提炼出"三清三洗""三腌三榨"传统工艺，让乌江榨菜从涪陵榨菜堆儿里显出与众不同。日本著名的"男前豆腐"，只选用价格高出一般原料四倍的北海道大豆和特殊的冲绳苦汁制作，这是"男前豆腐"高品质秘密的核心所在。

民俗文化：文化来源于民间，民俗文化接地气，也是一种品牌基因。如万荣苹果，快乐的苹果。快乐幽默是万荣这片黄土地上生长的人们与生俱来的，万荣苹果从开花到结果，每一次的农事劳作都是一种快乐的传达，每个苹果都是听着万荣笑话快乐成长起来的，这样的氛围下长大的万荣苹果自带"快乐的基因"，被定义成"快乐的苹果"。

地名文化：文化源于文字，特殊地名也是一种文化，如隰县玉露香梨。玉露香梨是由新疆的库尔勒香梨（母本）与河北雪花梨（父本）优选优育培育出的一种优良新品种。隰县梨好，隰字难认。隰字就成为特殊的品牌文化，作为传播记忆点。不仅字上带拼音，口令上也强化。隰（xi）县玉露香梨，稀有好梨。

外来文化：文化有时是中西合璧，洋为中用。如哈尔滨红肠，是一种原产于俄罗斯、立陶宛，用猪肉、淀粉、大蒜等材料加工制作的香肠，因颜色火红而得名，成为哈尔滨、佳木斯、七台河、满洲里等地特产。其中，以哈尔滨所产红肠最为著名，列入黑龙江省非物质文化遗产。

2. 文化是第一，不是唯一；重文化，不能唯文化

用文化为品牌灵魂赋能，这是区域公用品牌先天的基因。很多区域公用品牌源于文化、成为文化，这是目标和大逻辑。福来认为：文化是第一，不是唯一；重文化，不能唯文化。除了文化，还有很多纬度可以成为品牌灵魂的对象。

生态维度：兴安盟大米之"净"

福来在为兴安盟大米进行品牌塑魂时，就立足生态，提炼出"净"的品牌灵魂。在大兴安岭向松嫩平原过渡带，黑龙江、吉林、内蒙古兴安盟三地相接，被誉为中国稻米金三角。兴安盟独处上游，地净、水净、空气净，成就一方水稻净土。兴安盟大米，开创中国大米新净界。

加州是世界有名的阳光之城。美国新奇士橙，起源于阳光灿烂的加州，英文名为"Sunkist"，含义是"太阳亲吻它"。阳光为橙子赋能，成为加州新奇士橙的品牌灵魂。加州橙又被称为加州阳光橙。

感官维度：阿克苏苹果之"冰糖心"

阿克苏苹果，由于用天山冰川雪水灌溉，昼夜温差大，果糖在果品内聚集优异，产生糖分自然凝聚现象，剖开果品，其糖分聚集处犹如蜂蜜的结晶体般。因此从视觉感官挖掘出了"冰糖心"成为品牌灵魂，成功在消费者的心智中注册了好苹果的标准。很多客户索性直接叫冰糖心苹果。

品类维度：盱眙龙虾香米之"虾稻共生"

消费者从来都是以品类思考，以品牌表达。盱眙龙虾香米，品类定位的核心是不与竞争对手在同一概念下进行差异化的纠缠，而是跳级到"盱眙龙虾，虾稻共生"价值维度，创造新的品类市场。让消费者觉得，这个产品根本就不是之前的其他产品，而是一种全新的购买体验，其目的是成为新品类的代表者。

科技维度：寿光蔬菜之"绿色科技"

寿光作为农学发源地，蕴含着丰富的历史底蕴，汇聚了农人千年的智慧结晶。从 1997 年至今出口大蒜、胡萝卜、马铃薯等蔬菜及水果至 25 个国家，品质获得国际市场认可。寿光一直勇于开创，先行先试，科技成就设施蔬菜老大

的地位。绿色科技是福来为寿光蔬菜挖掘的品牌灵魂，用科技解决安心，用科技打造特色，用科技成就品质。通过品牌重塑，展现一个全新的寿光蔬菜。

（三）品牌塑魂关键五元素

品牌灵魂是直击人性的品牌态度和价值主张，有了品牌灵魂，品牌塑魂就有了立基点。

品牌塑魂就是以品牌灵魂为核心，从标识、口令、图腾、族谱、故事等方面塑造一致性的品牌体系，形成入眼入心的品牌魅力、价值认同和消费偏好。

福来认为，品牌塑魂是个系统工程，下面主要围绕这五点展开论述。

1. 品牌标志：基于地域文化的标志是永恒的

设计理念：地域性 + 文化性 + 授权属性

前面谈到品牌灵魂要从文化中挖掘，品牌标志的创意设计也要以文化为发想点。这样的标志是永恒的、可持续的。

地域性：地域就是根，是区别于其他地域的最直接的表达，是差异化与聚焦化传播的重要手段。

文化性：品牌有兴衰，产品有更迭，而文化是永恒的。把经典文化的原力植入到标志中，标志就获得了文化基因，品牌就有拥有了旺盛的生命力。

授权属性：做区域公用品牌标志设计，不是一个简单字体，还要考虑未来公用品牌授权应用，因此标志的专属性、权威性和识别性非常重要。

寿光蔬菜为什么用"寿字 + 贾思勰"，因为兼顾了寿光的"寿"和"健康长寿"文化。容县沙田柚为什么用"容字 + 印章"，因为这是乾隆爷的沙田柚。

横县茉莉花为什么用"横＋窗棂"，因为茉莉花背后深厚的东方传统文化。兴安盟大米为什么将"兴＋马"融合，因为兴安盟独特的地域和内蒙古草原文化。

区域公用品牌标识，要具有认证和授权的功能及属性

区域公用品牌标识的设计，美观很重要，但不能以美作为首要衡量标准。因为是为区域定制，所以要从百年品牌大计的角度考虑，一定要是可持续的不断增值的过程。

一个好的区域公用品牌的标识设计，一定是兼具地域、文化和认证授权属性，就像农业品牌的"公章"，要能用一百年，要坚持一百年不变。

区域公用品牌的授权标识一般从外形要以方和圆为轮廓，便于应用。方是规矩、框架，是做人做事之本；圆是圆融、和谐处世之道。方圆之间，是分寸和规矩。这与公用品牌的公用属性和授权属性相通。同时，在颜色上要单纯，不要花哨，以示正统与权威。

把品牌名称和标识注册成商标，是首要的工作

区域公用品牌标识确定后，就是名称和新标识组合的证明商标和集体商标的注册，这是首要任务，而且是重中之重。关于地理标志有点乱，简单梳理一下。

什么是农产品地理标志？

是指原农业部（现农业农村部）经过审批认定的地理标志产品的称号。

什么是地理标志产品？

是指在原质监局（现国家知识产权局）经过审批认定的地理标志的称号。

什么是地理标志证明商标？

是指原工商总局商标局（现国家知识产权局）经过商标注册的地理标志的

称号。

做区域公用品牌是正确的事，但是把品牌名称和标识注册成商标，是首要的工作，要责成协会和商标持有人，第一时间办理。

地理标志≠注册商标，《商标法》保护才是真正的保护

很多人误把地理标志当成注册的证明商标，出现大量区域公用品牌被注册、没注册的现象，如陈集山药被民营企业注册成普通商标，私有化了。这样做区域公用品牌存在巨大的隐患。

这也是我们为什么反对全品类全域性区域公用品牌模式的一个重要原因。没有一个品牌的创立是一开始就通过把多个品类打包成一个品牌而成功的。如果一个品牌代表多个品类，品牌灵魂就会模糊不清，品牌力就会绵软无力。

过去拿到了农业部和质检总局的地理标志，并不具备法律效力。建议到国家知识产权局进行证明商标或集体商标注册，《商标法》保护才是真正的保护。

另外，欧盟对地标产品保护制度也值得借鉴。早在 1993 年 7 月 27 日，欧盟委员会发布《农产品与食品的地理标志保护和原产地保护条例实施细则》，建立了符合欧盟原产地产品众多之特征、相对完整的地理标志保护和原产地名称保护制度。2014 年 6 月 13 日，欧盟颁布了《农产品和食品的质量方案实施细则》对原产地名称保护、地理标志保护和传统特产保护（TSG）的职能范围、如何申请注册、标记符号的使用等做了更为具体的规定。现在欧盟 TSG 制度成为与原产地保护制度（PDO）、地理标志保护制度（PGI）并驾齐驱的专门保护制度。

中国地理标志产品，一定要树立国际化知识产权意识，尽快申请中欧地理标志互认项目。

什么是中欧地理标志互认产品？

中欧地理标志互认产品是指《中欧地理标志合作协议》确认的产品。这个协议是中国与欧盟之间第一个关于地理标志保护的协议。根据该协议，双方将在地理标志产品中进行筛选、推荐及确认，最终对纳入协议的地理标志产品进行互认保护。

中欧在 2007 年开展了"10 ＋ 10"地理标志产品互认试点，首批得到承认的欧洲地理标识产品包括：法国干邑、香槟酒、苏格兰威士忌等，而中方则有平谷大桃、镇江香醋、金乡大蒜、龙井茶、龙口粉丝等。

2011 年开始，"中欧 100 ＋ 100"的全面地理标志产品互认互保工作开展。2017 年 7 月，"中欧 100+100"全面地理标志产品互认互保项目确定。

产品如获得中欧地理标志互认，便可在欧盟市场上享受法律保护，可高效便捷地进入欧盟国家的超市，并享受与欧盟地理标志产品相同的优惠政策。

2. 品牌口令：一道让受众行动的口头指令

口令创意三个要求：口语化、价值化、行动化

口语化：品牌口令要通俗易懂、朗朗上口，要适合口语表达。如：福来为横县茉莉花创意的"好一朵横县茉莉花！"被业内人士誉为"价值一个亿"。

价值化：品牌口令要兼顾地域价值和消费价值，并极简极致的传达。如：兴安盟大米，东北上游，净产好米。将兴安盟大米的区域价值——东北上游和消费价值"净"，简单直接地传达到位。

行动化：品牌口令要具有指令性，受众听后就想行动。比如福来为盱眙龙虾主体企业品牌——盱小龙做的创意口令：龙的传人，爱盱小龙，一下让国人产生共鸣，有吃一次的冲动。

再次强调，由于区域公用品牌面对的人群和承担的使命不同，品牌口令最理想的方式是传达出"地域价值 ＋ 消费价值"。

3. 品牌图腾：品牌的形象载体，建立高效沟通的战略道具

什么是品牌图腾

品牌源于农业。无论是美国西部牲畜身上的印记，还是欧洲地窖里酒桶上的标志，抑或是我国良渚时期陶罐底部的符号，都说明品牌萌芽于农业。

图腾是记载神的灵魂的载体，是人类早期文明的典型代表。

品牌图腾是一个品牌独有的品牌灵魂（精神）、气质和形象的载体，让品牌具有核心识别性，显著区别于其他品牌并难以模仿和复制。

品牌图腾是品牌视觉体系中最核心的要素，是品牌外在化最重要的表现，能够让人一眼记住，能够让消费者直接、鲜明地感知到品牌形象和价值差异。

品牌图腾：对内鼓舞士气，对外抢占消费心智

一个令人崇拜"图腾" 可以抵得上千军万马。对于区域公用品牌的图腾，要基于产地文化，要形成自带流量的 IP，与消费者产生互动。如日本熊本县的熊本熊、横县茉莉花的茉莉仙子。

品牌图腾：要能吸引眼球、传递价值、沉淀资产

营销的核心是沟通，沟通的关键是先抓眼球，先入眼再入心。品牌图腾首先要能吸引眼球，在众多品牌中能跳出来。

其次，品牌图腾要能传递价值，而价值就是购买理由。产品会换代，内容会过时，但品牌图腾体系是永恒的。比如乾隆爷的沙田柚，乾隆爷形象能用一千年。

每一次图腾的使用都在为区域公用品牌存钱，为品牌沉淀资产。

品牌图腾创意的四五法则：四个角度、五种表现形式。

四个角度：文化资产、品牌名称、品牌价值、行业属性。

文化资产：文化无国界，文化易共鸣，更具公信力。一首歌、一个字、一个人物，都可以成为图腾创意抓手，并且屡试不爽。如福来为横县茉莉花挖掘的《茉莉花》文化。

品牌名称：从品牌名称发端创意图腾，很直接且易记忆。如男前豆腐的"男"。

品牌价值：价值图腾化，能直接传达消费理由，很功效。如兴安盟大米的"米中净界图"。

行业属性：消费者在购买产品时，先有品类，再有品牌。从行业属性切入易产生关联性。如美国吉尔罗伊大蒜图腾、武功猕猴桃的武功小桃子。

五种表现形式：颜色、图形、卡通、产品、人物

颜色：不同的品类，具有不同的特性。红的激情，绿的健康……颜色成为

品牌图腾第一视觉表现形式。福来基于兴安盟大米"净"的品牌灵魂，创造"兴安生态蓝"作为第一识别象征。

图形：读图时代，图形最容易记忆；文字要翻译，图形无国界。福来为盱眙龙虾大米创意"虾稻共生图"。一穗水稻与一只龙虾构成和谐的太极图，将虾稻互利互助、和谐共生传达得淋漓尽致。

卡通：专属性高，可以与品牌高度关联。最典型的代表是日本熊本县的"熊本熊"，呆萌的形象在日本本国及本国以外获得了超乎想象的欢迎，成为在世

界上拥有极高人气的吉祥物。《广告时代》评选出 20 世纪十大品牌形象，竟然有八家的品牌图腾是卡通形象。

产品：产品是与消费者最直接的接触点，也是最可以利用的媒体。美国爱达荷土豆基于产品形态创作可爱风趣的"土豆先生"，在各个接触点广泛应用，受到广大消费者的喜爱。

人物：人物往往代表一个阶层、一种生活方式、一种文化象征。寿光籍农学家贾思勰被尊为农圣，著作《齐民要术》被认定为世界农学史上现存最早、最完整的大型农业百科全书，是中国农耕文明的重要起源。福来在服务寿光蔬菜时，挖掘"贾思勰"打造成品牌图腾。

品牌图腾：不仅仅是视觉，还要激活更多的感官

品牌必须要转换一种感官体验，不能仅是我们看见的视觉图腾。人类大脑有至少五条轨道：图像、声音、嗅觉、味觉和触觉。你的品牌信息侵入的轨道越多，你的记忆就越丰满。多个感官的结合能创造出一种多米诺效应。

对于区域公用品牌，必须找回更多被忽视的感官。

福来在为横县茉莉花创意了"横县茉莉仙子"的视觉图腾后，又将歌曲《茉莉花》改编，成为横县茉莉花品牌听觉图腾——《好一朵横县茉莉花》。另外，基于横县茉莉香气浓郁、鲜灵持久的特性，导入嗅觉图腾：闻香识花茶，形成独特的"横县茉莉香"。视觉、听觉、嗅觉三大图腾、三位一体，立体化展现品牌，产生强大的叠加效果。

4. 品牌文化族谱：挖掘产业族谱，抢占文化制高点

人皆有源，家必有谱，区域公用品牌也是一样。文化最软，文化又最硬。挖掘产业文化，创建区域公用品牌文化族谱，抢占文化制高点，让区域公用品牌成为产业文化的代表。

横县茉莉花和茉莉花茶产量均占全国总产量的 80%，占世界总产量的 60%。一部横县茉莉花产业发展史，就是一部东西方文化交流史。传奇茉莉香，穿越千年，最爱广西横县。福来团队深入研究茉莉花发展史，以源、承、兴、盛、誉、香六个关键字构建横县茉莉花文化族谱，抢占茉莉文化制高点和话语权，形成品牌资产，彰显并夯实老大地位。

5. 品牌故事：有故事的品牌更易传播

小时候，人们围在火堆旁或者坐在广场上，听老人讲着故事；现如今，虽然娱乐形式多种多样，但听故事的传统并没有改变。

故事是一种最原始的娱乐形式，也是最具传播性的软广告。

想要做好区域公用品牌，就要学会讲故事。

什么是品牌故事？

品牌故事是将品牌的价值、基因、使命、情怀、文化、历史等有侧重、艺术性地表达，形成品牌口头传播的重要资产。

很多人愿意为售价惊人的"褚橙"买单，是出于高于吃货心理的另一种消费心理：哥吃的不是水果，而是一种精神！

好的故事是一个推销员，可以让消费者产生信赖感，愿意付更多钱。

农产品背后的故事很多很多，都可以成为传承农业精神的正能量。

比如柚中之皇——容县沙田柚，讲述了乾隆爷赐名故事。

公元 1777 年，乾隆皇帝巡游江南。官人夏纪纲把家乡容县沙田村出产的一种叫羊额籽的果品，献给乾隆品尝。乾隆对羊额籽的甜美赞赏有加，并召见夏纪纲，乾隆得知此果产于容县沙田村，因而赐名羊额籽为沙田柚。此后，容县沙田柚被列为贡品，进献皇族。容县沙田柚的乾隆赐名佳话也为后人传颂，被称为"乾隆爷的沙田柚"。

神户和牛，一个过着神仙般日子的牛。

传说神户牛每天"喝啤酒、听音乐、做按摩"，过着神仙般的日子。神户牛肉的雪花分布多而匀称，有着非常独特的油花香味，入口即化。能够达到神户牛肉品质要求的牛，每年只有 3000 头左右，而这些牛只能产出大约 4000 公斤牛肉，很多人以吃过神户牛肉为傲。

依云矿泉水，讲述了依云小镇这个神奇之地。

走在依云镇，你问任何一个人依云水的由来，他都会跟你娓娓道来：1789 年夏，法国正处于大革命的惊涛骇浪中，一个叫 Marquisde Lessert 的法国贵族患上了肾结石。当时流行喝矿泉水，他决定试一试。有一天，当他散步到附近的依云小镇时，取了一些源自 Cachat 绅士花园的泉水。饮用了一段时间，他惊奇地发现自己的病奇迹般痊愈了。这件奇闻迅速传开。Cachat 绅士决定将他的泉水用篱笆围起来，并开始出售。"神水"传到宫里，拿破仑三世及其皇后对依云镇的矿泉水更是情有独钟，1864 年正式赐名为依云（Evian 来源于拉丁文，本意就是水）。

褚橙——讲述了一个励志橙的故事。

褚时健，红塔集团原董事长，曾经是有名的"中国烟草大王"。74 岁的褚时健与妻子承包了家门口的荒山开始种橙子。任何一件事都是从学习摸索开始。他每天穿梭在云南哀牢山上的橙园里，细心培育着自己的果树，直到 85 岁橙子下树，种植十载，不屈不挠。褚橙的美味口感远近闻名，褚老的匠心精神感人至深。八旬老人的励志故事，成就"励志橙"。

区域公用品牌来源于特定区域独特的自然生态及历史人文象征，这是故事的源泉。很重要的一点，农耕文化在我国已有千年之久，很多已经形成世界农业文化遗产，我们有责任、有义务把区域公用品牌的故事挖掘出来、传播出去，让品牌故事为农产品赋能。

第三节
品牌传播：用原理激发品牌澎湃源动力

战略寻根，品牌塑魂，还需要传播推广这个"轮"，区域公用品牌才能真正跑起来、热起来。不管多么好的品牌规划，没有传播推广就没有生命力。放在抽屉里，方案永远是方案，变不成品牌。

目前，区域公用品牌的传播推广，主要是开发布会、参加展会、上广告做传播。这些固然很重要，但属于常规必须做好的规定动作。

在区域公用品牌传播推广上存在一些问题：重传播，轻推广；重品牌，轻市场；一身仙气，不接地气。

福来认为，品牌与市场要两手抓两手硬：品牌要上天，造好势；市场要入地，做好市场和消费对接；同时抢占行业制高点、文化制高点、市场制高点，创造品牌势能。

区域公用品牌传播推广不是简单粗暴的花钱，而是有章法、逻辑与策略，好钢要用到刀刃上。福来总结为"七大原理"。

（一）传播推广七大原理

1. 一个中心：围绕"根与魂"一以贯之

只有在一个意念上压倒性投入，才能产生几何级的叠加效果。在区域公用品牌传播上，福来主张要以"根与魂"为中心，思想上贯通，行为上贯彻，传播上一以贯之，力出一孔。李小龙有一句名言；我不怕会一万种招式的人，我怕把一种招式练一万遍的对手。

美国加州巴旦木，中国人称为美国大杏仁，具有极高的滋补营养价值，多年来坚持主打"健康美味"理念，瞄准中产阶级白领女性，进行专业健康学术研究和教育，举办专业的健美操表演，请高圆圆代言，制作真人大小的杏仁吉祥物，展示杏仁营养宣传册，派发试吃产品，联合美柚针对圈子互动，与美柚辣妈用户进行精准沟通等。持之以恒的传播推广，在中国取得很大的成功。

2. 上天入地：有高度，也有深度

战略大师艾·里斯说："如果一个小公司想要成为大企业，那么就要遵循'大'的法则，不要把自己看成一个小公司。"福来把这种观点应用到区域公用品牌传播上，并通俗地表述为"上天入地"：既要有战略高度，又要追求务实。

上天：整合国内外资源，墙外开花墙内香

墙外开花与墙内香是一对辩证关系。墙外开花是高调亮相，墙内香是推动产业；墙外开花是起手式，是抢占舆论制高点，墙内香对品牌和产业带来实效。

茅台集团通过开展"文化茅台，多彩贵州"品牌推介活动，在"一带一路"沿线国家带起了一股茅台旋风，开创"文化出海"的新风尚，实现企业品牌与区域品牌联动。

延庆作为北京的郊区，原属河北省管辖，生态非常好，是北京的后花园。但是知名度非常低，很多人都不知道，绿水青山没有转化成金山银山，后花园成了"失落地"。延庆区痛定思痛、高位起跳，区委、区政府通过高规格举办

世界葡萄大会（创建世界葡萄博览园）和世界马铃薯大会，大大提高了地域关注度、知名度和体验度，成为首都北京名副其实的"后花园"。2019 中国北京世界园艺博览会落户延庆后，延庆再次成为中国乃至世界的旅游新地标。

入地：做好市场和消费者对接，叫好又叫座

政府主导不仅是搭平台、树形象，还要做好与目标市场对接、与客户对接、与渠道对接、与终端对接、BTB 对接，带来客户和销量。入地三平台如下。

首先，政府公共平台。

国家扶贫：中央部委、央企定点帮扶，9 省13 市东西协作扶贫等。

农业农村部：产销对接会，明星代言家乡产品活动。

国务院扶贫办：消费扶贫行动。

农民日报：产销对接活动。

组织开展对接会，借大会流量，做区域公用品牌及产品的推介展销。

福来团队为全国消费扶贫
行动设计的大礼包

其次，行业展览会。

深度参与行业主流展会，如农交会、旅交会、产业大会等。不要走形式，要在会议上搞特装展示，开好"会中会"，实现高调亮相，反客为主。其中，跨界很重要，吉林大米走进"天下第一会"——糖酒会，拓展了渠道、场景、人群，效果很好。

第三，市场推介会。

政府主导，针对目标市场，主动出击召开城市推介会。吉林大米在这一点上做得比较成功。由吉林省粮食和物资储备局以及吉林大米产业联盟主导，联合体企业重点参与，通过政府部门、商业部门、农业部门、商会协会、战略渠道相互对接，先后在浙江、北京、上海、福建、深圳、香港等地开展了多场大米产销对接和品牌推介活动，5 年的执着坚守、大力发展，让吉林大米品牌声名远播，销售落地。

3. 战略事件：打造自带流量的品牌大 IP

事件是宣言书、宣传队、播种机。事件是火药桶、病毒源、自媒体。

政府在区域公用品牌打造上，缺乏连续性，而且资源有限，因此投放不能太分散，一定要创造品牌特色的战略事件。有条件要做，没条件，创造条件也要做。通过战略事件形成自带流量的品牌 IP，带来持续的关注度和叠加效益。品牌 IP 打造要与区域特产、地方文化、品牌营销紧密结合。

节日大 IP

区域公用品牌要打造品牌节日，要持续搞、年年有新意，不断升级，抢占行业制高点、文化制高点、市场制高点。如盱眙县人民政府 20 年如一日举办中国龙虾节。从默默无闻到享誉全国，小龙虾成为盱眙的代名词，越来越多的人因为龙虾了解盱眙；同时，通过盱眙龙虾餐饮走向全国、走向世界，在美国、澳大利亚、新西兰、马来西亚等 20 多个国家和地区开店，蜚声中外。

美国土豆第一品牌"爱达荷土豆"于 1927 年 9 月 19 日创办了"爱达荷土豆日"，这是世界上现存的持续时间最长的土豆丰收节，是美国一百个顶级节日之一。这个节日吸引全世界的家庭成员参加，节日包括土豆日大游行、烹饪大赛、挖土豆世界冠军赛等。这种非直接推销的、有着广泛参与性的类公益大型活动，极大提升了爱达荷州土豆的知名度和美誉度。

形象大 IP

以品牌图腾为抓手，在传播中与消费者形成互动，不仅在平面用，在各种活动中用，还要在区域打造地标，形成形象大 IP。如美国爱达荷土豆在营销过程中，创意了一个鲜明的品牌识别符号 土豆先生，矮胖可爱，非常具有亲和力，成为形象大 IP，与消费者进行互动。

伴手礼 IP

订制品牌伴手礼，创造传播自媒体。中国作为礼仪之邦、文化之邦，伴手礼成了区域公用品牌最好的广告载体。产品即媒体，通过伴手礼，送起来、传起来，成为大特产、新特产，成为品牌渗透的明线。

除了打造品牌 IP，捆绑现有大 IP 也是一条捷径。

一个现象级大 IP 胜过多个不为人知的 IP。区域公用品牌要想迅速占领消费者认知，提高知名度和行业影响力，自造品牌 IP 需要时间和过程，如果资源允许，先捆绑现有大 IP，就可能达到快速上位的目的。

比如益海嘉里旗下欧丽薇兰橄榄油请谢霆锋代言，同时与他主持的美食户外真人秀节目《十二道锋味》战略合作。在《十二道锋味》的录制过程中，谢霆锋和他的伙伴们从意大利到了澳大利亚、从法国到了西班牙，为了爱情、友情、亲情寻遍世界美食，而欧丽薇兰橄榄油则一直伴随左右。

比如故宫，作为一个拥有近 600 年历史的文化符号，不仅是一个巨大的 IP 宝藏，同时也是个 IP 综合体，拥有着数量众多的子 IP。联手故宫，既是一次与消费者互动的联合 IP 活动，更会是一次新闻事件。

4. 新闻营销：公关是第一影响力，新闻是第一传播力

公关只有与新闻有机结合，才能使公关的影响力和传播力最大化，实现四两拨千斤的效果。品牌传播不能就事论事，做事的同时还要做势，与政府共舞，与行业共荣，与区域互动，做大公关、大新闻。对公关和新闻，有条件要做，没有条件，创造条件也要做！

依云小镇，创办女子全球高尔夫大师赛，年轻与青春的灵魂，从水到高端化妆品，水疗、康养、旅游等融为一体。水疗中心与高尔夫大师赛，双轮驱动，起到很好的新闻公关效果。

1915 年巴拿马万国博览会上，茅台因为包装太差，导致外国人对茅台酒不屑一顾。如何才能引起众人的注意呢？一个官员灵机一动，将茅台酒向地上摔去，瞬间瓦罐破碎，白酒散发出浓厚的酒香，渐渐扩散至整个会场，酒香扑鼻，让众人陶醉，茅台酒顿时惊倒四座。这是茅台酒最经典的新闻营销。

陇南成县拥有 50 多万亩核桃园，卖核桃是当地百姓最主要的收入来源。近几年，随着成县核桃产量的增加，如何卖出这些核桃，成了每一个成县人面临的首要难题。成县县委书记李祥尝试了微博卖核桃的想法，没想到此举立即在微博上引起了强烈反响。书记坚持天天发微博，带动了全县人发微博，也同时带动了海内外的成县人发微博。发微博卖核桃成了全民运动，核桃书记的名号也随之传播开来，自上而下、自下而上的整体运动产生能量和新闻场，让成县的核桃一炮打响。

查干湖冬捕节，一个地方的旅游文化节庆活动，每年都搞新闻："40 斤头鱼拍出 999999 元的历史最高价""美国鲤鱼泛滥，模仿中国查干湖冬捕方式""查干湖冬捕被疑造假，鱼越捕越大""查干湖冬捕上了央视新闻，又上新闻联播"，引得新闻媒体、新媒体大咖、网红直播、自媒体平台争相报道，主动传播。每一年的"查干湖冬捕节"都因此成为全国热点，大家纷纷热议，为查干湖冬捕节旅游带来百万人流。

5. 激光穿透：聚焦一点，激光式打透

大海撒盐，不如聚焦一点。激光因为能把能量聚焦在一个点上，所以它的威力非常惊人。营销就是战争，集中优势兵力，首先在点上突破是最朴素、最实战的取胜原则。在区域公用品牌推广上也要坚持激光穿透原则。

例如，寿光市立足蔬菜产业优势，坚持以菜为媒、以市场为导向，会展搭台，经贸唱戏，连续成功举办了 19 届中国国际蔬菜科技博览会，成为世界蔬菜行业盛会。

寿光蔬菜 19 年如一日，聚焦开好菜博会。会议规格非常高，由农业农村部、商务部、科学技术部等部委与山东省人民政府联合主办；规模非常大，已经被认定为国家 AAAAA 级农业展会；影响力非常大，成为国际农业科技信息、经济贸易的交流与合作、推动当地社会经济又好又快发展的重要平台。下一步，福来将协助寿光菜博会进行创新升级。

6. 互联网战略：新电商 + 新零售 + 新媒体，宣销一体化

互联网离农业并不遥远。自 2015 年"互联网 +"成为国家战略之后，互联网思维就成为各行各业谈论的焦点。对于农业来说，互联网思维就是产品更加极致、注重用户体验。媒体即渠道，渠道即媒体，互联网是实现宣销一体化的最好路径。

新电商：京东农场、每日一淘、拼多多、一亩田、网库

电商是最适合农产品的渠道，区域公用品牌要立足传统电商平台，如淘宝、天猫、京东……同时与时俱进，整合新电商，进行创新推广。

京东农场：京东全力推进数字农业进程，启动京东农场项目，建立京东数字农业共同体和京东农业商学院，"物联网 + 区块链 + 电商平台"三位一体战略，解决了当前农产品缺信任、缺标准、缺技术、缺品牌、缺销路的问题，助

力区域农业品牌升级及农民增收致富。

拼多多：拼团模式，为中国农业走出"分散的生产与需求"困境提供了好的解决思路。2018 年拼多多平台农产品及农副产品订单总额达到 653 亿元，累计带动 18390 名新农人创业。

每日一淘：S2S 共享创业模式。前端充分发挥社交场景优势，将社区和社群的流量转变为业务发展的推动力；在后端，买手会直接深入产地，降低了采购和流通成本。

一亩田：让农产品进城，致力于"让每一亩田更有价值"。着眼于农产品的原货市场，打造农产品 B2B 电子商务平台，为市场提供有特色且安全放心的食材。一亩田在售农产品近 1.2 万种，产品来源于 2500 余个县，截至目前是移动端 App 用户数量最多的农业电商平台。

网库：中国网库集团公司开创利用产业互联网赋能县域经济和中小企业的核心模式，立足县域内单品特色产业，打造单品产业网平台，构建产业的生态系统，开展产业招商，打造线上产业集群，全面赋能县域经济发展。

新零售是一场渠道革命，更是未来渠道的主力军

对区域公用品牌而言，当前不仅要做好传统渠道，还要涉足新零售业态，像阿里的盒马鲜生、碧桂园的凤凰优选等。盒马鲜生未来计划全国布局 2000 家店。凤凰优选为碧桂园小区业主和社会提供"好吃、好用、省钱、安全"的

产品，创立至今已经在全国 30 多个城市布局 500 家门店。

百果园创立 18 年来，拥有 3700 多家门店、23 个全温区仓配中心，覆盖全国 70 多个城市；2018 年集团销售额超 100 亿元，成为全球最大的水果连锁企业。作为新零售的先行者，百果园数字化会员已达 4500 万，社群覆盖人数超过 400 万；2018 年线上销售额突破 20 亿元。百果园刚刚发布的大生鲜战略，立足千万级会员体系，实现线上线下一体化，从好水果过渡到好蔬菜，从好蔬菜到好粮油，从好粮油到好食品，也成为区域公用品牌战略合作的好平台。

新媒体：媒体即渠道，字节跳动现象

字节跳动（今日头条母公司）去年 500 亿销售额，远远超过央视。福来认为，区域公用品牌可以与今日头条这样的新媒体建立深入的战略性合作关系；同时，借助字节跳动旗下的抖音、西瓜视频、火山小视频等平台，充分利用其流量和大数据资源，导入特色农产品。另外，淘宝直播、微博、微信、央广商城、东方购物、金鹰购物等，都可以成为宣销一体整合资源。

7. 品牌化植入：打造"农业英特尔"模式

将工业领域的经验嫁接到品牌农业，在政府主导下，建立品牌资金扶持机制，推出区域公用品牌认证体系，将区域公用品牌注册商标（图形＋字体）在产品上统一位置、统一形象、统一价值集中展现，就像电脑上贴的"英特尔"标识。福来称之为，农产品领域的"英特尔"战略。

以横县茉莉花项目为例，福来提出由横县政府牵头，建立资金扶持机制，推出"好花窨好茶，横县茉莉花"品牌认证体系，让横县出品的花茶都贴上横县茉莉花品牌认证标签，既能体现正宗，同时也是高品质的象征。

一个小标签，让横县茉莉花品牌真正走进千家万户、千厂万店，走进茶余饭后，走进消费者大脑。这就是横县茉莉花创导的农业英特尔要素品牌战略。

小贴士：何谓要素品牌战略？

要素品牌战略，顾名思义，指为某些品牌成品中必不可缺的材料、元素或部件等构成要素所制定品牌的战略，如人们耳熟能详的 Intel 处理器、利乐包装、特富龙、杜比，等等。

贴上区域公用品牌认证，就是精品保证。这是一个改变农产品区域品牌发展理念和模式的大创意、大战略。

（二）传播推广"五个一工程"

开一场高规格品牌发布会，

造一个自带流量战略事件，

组建一家联合体主体企业，

主导做好市场化资源对接，

打造一个适配的商业模式。

这是区域公用品牌传播推广的基本动作，要在这五点上下足功夫。

第四节
六个必须：中国式农产品区域公用品牌管理之道

阳澄湖大闸蟹、五常大米都遭遇过"公地悲剧"：大家都拥有，却都不珍惜。如何管理好区域公用品牌？

区域公用品牌顶层设计是品牌建设的关键一步，但接下来的品牌运营工作也非常重要，必须站在国际视野，探索中国特色区域公用品牌管理之道。

（一）区域公用品牌建设"世界三大模式"

1. 美国模式：品牌联盟 + 协会

品牌联盟：典型代表是新奇士橙。这是一个民间的非营利组织，工作重心不是种植水果，而是负责向旗下众多农户和包装企业提供技术改良、种植推广、全球营销和市场销售等服务。

在品牌联盟模式之下，种植户和品牌联盟的分工十分名确：种植户专注于生产，其职责是按照品牌联盟的要求，打造标准化且具有辨识度和差异化特点的产品。品牌联盟负责品牌保护，对外整合营销传播、渠道开发、

品牌资产的保护等职能。品牌联盟的模式，避免了单个果农独自承担市场风险的局面，实现了多赢的局面。对外只有一个主体，那就是新奇士橙品牌，形成"对外一个形象、一个声音"，避免了公用品牌谁都拥有，却都不珍惜的弊病。

协会：除了新奇士橙外，美国绝大多数品牌采用的都是协会这种模式。典型代表是加州巴旦木协会、美国开心果种植者协会等。

整体而言，协会和品牌联盟非常相似。区别在于，两者的性质和职能不同。协会对外主要是推广农产品公用品牌，品牌联盟相对紧密，协会相对松散一些，比如协会不负责定价。

2. 法国模式：原产地保护制度

根据法国《消费者法典》的定义，原产地名称是"一个国家、地区或地方的名称，该名称被用来表示来源于该地方的产品，产品的质量和特征归因于其地理环境，包括自然和人文因素"。符合这种条件的国家、地区或地方的名称构成了商品的原产地名称。

以法国葡萄酒为例，原产地制度成为法国葡萄酒走向世界的盾牌和助推器。法国已经有一套完整的原产地名称保护体系，既规范了对葡萄酒知识产权的保

护和管理，又提高了葡萄酒的质量。另外一个重要支撑就是葡萄酒分级制度，通过分级形成"消费者、厂家、供应链"三方都认同的价值判断标准，倡导良性竞争，避免恶性竞争，有益于整个行业长期发展，不仅保护了本国的原产地资源，而且提升了法国葡萄酒在国际市场上的竞争力。

3. 日本模式：农业协同组合（简称农协）

在世界各国的农业经济合作组织中，日本的农协无论规模还是组织能力都颇为强大，而且富有特色。农协是"农业协同组合"的简称。日本农协采取三级系统的组织体系，即分为中央农协、县级农协和基层农协，各级组织彼此关系密切，各项事业均可通过对应机构上传下达，统一行动。作为农民自主经营的农业经济合作组织，农协主要从事农产品的销售，农业生产所需肥料、农药及农机器具的采购，金融、技术与经营指导等活动。

作为农村生产和流通的实际组织者，农协通过发挥农户与市场之间的桥梁作用，在农产品的生产和销售过程中，从产量、品种、时间等要素入手，结合市场经济的机能，疏通了小规模农户进入大流通市场的渠道。农协从组建后就建设自己的金融系统，它以独立于商业银行的方式，组织农协会员手中的剩余资金，开展以农协会员为对象的信贷业务。

农协建立了风险基金制度，提高了农业抵御自然灾害的能力。农协发挥着农户与市场、农户与政府之间的中介和纽带作用，维护了农民利益和农村社会

的稳定，在缩小城乡差距方面发挥了一定的作用，对维护社会稳定做出了贡献。

（二）中国特色：区域公用品牌运营管理的"六个必须"

站在国际视野，探索中国特色区域公用品牌管理。

在中国做农产品区域公用品牌，由于环境不同、政策不同、发展阶段不同、协会职能定位和功能不同，还需要政府主导和推动。因此在中国特色的体制下，区域公用品牌建设必须坚持六个"必须"。

1. 必须做好五位一体，六个统一

政府＋协会＋联合体＋合作社＋农户（农场）的五位一体。

农产品区域公用品牌的性质，决定了品牌建设需要有政府领导，以及职能部门、行业协会、市场主体等多个不同层面、不同性质的机构与实体的分工协作。

主体、标准、价值、形象、营销、管理的六个统一。

在政府主导下，协会要充分发挥承上启下的桥梁和纽带作用，担负着资源的整合者和组织者及品牌服务者角色定位；同时区域品牌建设要在五位一体原则之下，做到六个统一。

统一市场主体，主导产业发展。

统一产业标准，促进产业规范。

统一品类价值，提升产业影响。

统一品牌形象，传达产业价值。

统一品牌营销，实现产业效益。

统一品牌管理，明确产业授权。

2. 必须列入一把手工程

业内有个广为流传的段子：农产品区域品牌建设，县委书记重视，成功率80%；县长重视，成功率60%；分管县长重视，成功率20%；若只是局长重视，成功率基本为零。

虽然是个段子，但也折射出现行地方政府决策的现状与效率。主要领导的重视程度，决定品牌建设的成败。

以横县茉莉花为例。从县委书记、县长到县级职能部门都高度重视，把区域品牌建设作为新时代乡村振兴和县域社会经济发展的战略抓手。县委黄海韬书记，参与项目每一次讨论与决策，并且在横县茉莉花文化挖掘上亲自与外脑团队讨论细节。在黄书记的推动下，横县茉莉花品牌建设工作成效显著。

由下向上，层层上报，层层审批，一把手不在前台，决策和推进效率就非常低；反之，由上而下，效率就非常高。

国家每年将三农文件列为中央一号文件，福来认为，区域公用品牌建设，也要列入地方政府一把手工程。一把手必须主导并深度参与，保证高效决策，快速推进，动作到位，早日实现品牌强农。

3. 必须观念共识，思想统一

人心是最大的政治，共识是奋进的动力。

专业的人做专业的事，对于区域公用品牌建设，必须导入有学术高度和实战深度的专业品牌农业咨询公司进行顶层规划。这是品牌的百年大计，必须高度重视，谨慎选择，选对合作公司，成功一半。千万不要因为流程与费用问题，影响了与高水准外脑的合作，合作伙伴凑合，结果一定更凑合。

宣讲是最好的学习。

方案确定后，要进行专项宣讲，要分别在常委会、专项会、部门会三级会议上进行方案的宣讲。所有参与人员要将方案理解到位。通过宣讲式学习，实现观念共识，保证思想统一，上下同欲，坚决执行。

4. 必须有组织保障，协同作战，打通部门局限

首先，一把手挂帅，组建品牌建设领导小组。

由党政一把手领导挂帅，成立"区域公用品牌建设工作领导小组"，把控品牌建设方向及进度。一把手主导并深度参与，能保证高效决策，快速推进，动作到位。

品牌领导小组构建：

组　长：党委 / 政府一把手

副组长：主管党政领导

领导小组下设办公室，负责品牌建设日常工作。办公室建议设在农业农村局，办公室主任由农业农村局领导兼任。

其次，组织保障，"非常 1+7"执行体系构建。

要充分发挥农业部门的主导作用，但区域公用品牌建设不仅是农业部门的事，更是区域社会经济发展的大事，需要各职能部门通力协作。为保证品牌建设高效转运，福来提出"非常 1+7"组织保障体系：以农业农村局为载体，宣传、商务、文旅、市场、公安、财政、发改委七大部门，打破部门界限，做好协同，成立联合执行队，加强执行工作力度。

特别说明，领导小组之下，各职能部门、行业协会、市场主体等多个不同层面、不同性质的机构与实体的协同性，要以一盘棋思想，共同推动区域公用品牌建设工作。

盱眙县委书记梁三元（左一）高度重视盱眙龙虾品牌建设，全程参与决策

第三，主管农业领导入常，相关负责人高配。

区域公用品牌建设需要资金支撑、团队运营，还要举办各种市场活动，没党政主要领导的支持，在现行体制机制下，要落地执行、取得成效，难度非常大。

另外，现行的行政体制平行部门之间往来不多，容易各扫门前雪。农业部门开展工作时，需要协调多个平行部门，难度非常大。

一般惯例，主管农业的副省长、副市长或副县长在领导班子排名都不靠前，更进不了常委班子；而且，农业的主管领导基本上都不管宣传、商务、文旅、市场、公安、财政、发改委部门。所以，"1+7执行体系构建"很多时候落不了地。

基于中国国情及中国农业工作的特殊性，我们大胆谏言和呼吁，主管农业的领导最好能进常委会班子（或者由常委主管），特别是农业发达和农业资源丰富的区域。

当然，也有例外。譬如山东寿光市，原主管农业的副市长分管市场监督管理局，现由市委常委直接分管农业农村局和市场监督管理局。

浙江丽水市主管农业的副市长，原不管文旅局，后来为了便于推进农旅融合，文旅局也由主管农业的副市长分管。

江苏盱眙县，长期由县委常委、政法委书记，甚至县委副书记分管农业，还曾兼任盱眙龙虾协会会长。

同时，农业部门的一把手也要高配（如兼任省／市／县长助理）。

对于政府组建的企业联合体，其负责人要么体制外招聘（如盱眙龙虾产业集团），对负责人的工作要求和考核一定要是市场化；要么政府体制内任命，但其负责人一定要能担当大任，前期相应行政级别最好能高配。例如丽水农发公司总经理从副处直接提升到正处，与农业局平级。

简言之，要高效率做成事，必须高配。

5. 必须形成品牌"宪法"，保证连续性

区域公用品牌建设是一场攻坚战，更是一场持久战，必须坚持一张蓝图绘到底，不能领导一变动，品牌工作就要停、就要推倒重来，最后成为品牌烂尾楼。

因此，区域公用品牌顶层设计完成后，作为一把手工程，要形成人人遵守的品牌发展"宪法"，指导品牌建设工作，从机制上保证品牌建设的"延续性"。不折腾、不懈怠、不反复，众人拾柴，做好品牌接力。

当然，前提是区域公用品牌的顶层设计一步到位、一次做对。方向不对，执行越到位，偏差越大。

6. 必须特事特办，战略性持续投入

农产品区域公用品牌建设，对很多区域，乃至整个国家，都是一个新课题，也是一个特殊使命。功在当代，利在千秋。主要领导要有"功成不必在我"的格局、胸怀和魄力。特殊时期，特殊任务，特殊政策，特事特办，绝不可按部就班，官僚作风。

比如在招标流程、决策效率以及第三方合作上不能光比价格，还是找到有学术高度和实战深度的专业品牌农业咨询公司。

要跳出单纯的短期财务指标，站在对未来负责、对历史负责、对区域社会经济发展负责的高度，站在区域公用品牌中长期可持续发展的战略高度上，加大对区域公用品牌建设的重视力度和战略性投入力度，尽可能建立专项基金和政策，重点放在品牌策划和市场推广方面。

水不烧开浪费最大，飞机在起飞时最费油。守正笃实，久久为功。坚定目标，锲而不舍，方能成就一番功业。

一款产品成就一家企业，一家企业带动一个产业，一个产业搞活一方经济

仲景香菇酱：一个农产品品牌引发的蝴蝶效应

仲景香菇酱由仲景宛西集团旗下仲景食品研制生产，一经推出即引爆香菇酱热潮，开启营养佐餐新时代，成为继老干妈之后又一现象级餐桌食品品牌新贵。更重要的是，仲景香菇酱的成功，成就了一家小而美好的健康食品企业——仲景食品股份有限公司；仲景食品带动了西峡香菇产业的品牌化、价值化发展，成就"中国香菇第一县"；而西峡香菇成为西峡富民强县的第一产业抓手，并形成可持续发展的产业生态，成为推动县域社会经济发展的战略引擎。

这就是仲景香菇酱的蝴蝶效应。

技术微创新，为产品增值

"在全世界，我们是第一个想到并利用发酵技术把香菇做成酱的，也是第一家把香菇酱推向市场的。"仲景大厨房股份有限公司总经理、仲景香茹酱研发人朱新成自豪地说。

在创业之初，朱新成切身感受到全国香菇之乡的西峡香菇附加值太低，多数产品是以鲜菇和初加工的干菇销售出去的。香菇的深加工向哪个方向探索呢？方便面袋中的酱包给了朱新成启发，能否把香菇做成酱呢？如果成功，那一定是营养、方便和美味的食品。

2006年，朱新成开始采用做豆豉的方法进行研制，经过3年试验，终于研制出了中国首创的发酵型香菇酱，并在福来的帮助下，进行系统的品牌营销策划。当时的朱新成也许没有想到，自己开辟的是一个未来有望与老干妈比肩的全新品类和市场。

品牌法则：源于地域，高于地域

西峡是河南西南部的山区小县，是中国香菇之乡。西峡香菇作为地域名品，在业内具有较高的知名度，但是，仲景大厨房生产的香菇酱绝对不能叫"西峡香菇酱"，这样看似沾了地域名品的光，却无法独占资源，只会给山寨产品混淆的机会；必须源于地域，高于地域，做属于自己的商业消费品牌。

最后，这款香菇酱被命名为"仲景香菇酱"。一方面，新产品背靠仲景这棵品牌大树，易记好联想，节约传播成本；另一方面，传承宛西制药被广大消费者深度认知的"药材好，药才好"的品牌基因，借助"药食同源"的养生文化，可大大提高消费者信任度，潜移默化中传达，仲景做的香菇酱同样用料地道、品质卓越。中医药和健康食品之间的天然链接，也解决了品牌延伸的障碍。

所以，健康也就成了仲景香菇酱的"魂"。

西峡香菇作为地理标志和生态原产地保护产品，是典型的区域公用品牌，成为仲景香菇酱最好的产区和品质背书。

以营养佐餐切分市场，开创新品类

调味酱行业老干妈一家独大，无数调味酱产品屡战屡败。仲景香菇酱如何才能在老干妈高度忠诚的品牌市场里，找到自己的生存空间呢？

福来发现，消费市场一直把酱菜当作餐桌上的配角，主要消费价值和定位是下饭。仲景香菇酱与之相比，以香菇为主要原料，营养价值高，适应性强，这是最大的优势和不同。

仲景食品独创的菇类发酵技术，使生产出来的香菇酱菇香自然、浓郁，有嚼劲，回味悠长，完全可以大口吃。"香菇酱，肉一样"，"这饭真下酱"，消费测试中的玩笑话也道出香菇酱与其他调味酱的本质区别。

有了，开创新品类，把香菇酱当佐餐酱卖。

"营养佐餐酱"是福来为仲景香菇酱做的实效定位。这个定位，一举将酱菜市场切分成两大阵营：营养佐餐酱和非营养佐餐酱。以老干妈为代表是让你开胃下饭的非营养酱；以仲景香菇酱为代表的是营养佐餐酱！这为仲景香菇酱未来在中国调味酱菜市场与老干妈形成品牌双子座的格局埋下了伏笔。

"300 粒香菇，21 种营养"——核心价值可视化

如何把营养佐餐转化成消费语言，与市场无缝对接？

产品（品牌）的核心价值必须让消费者可视可感。这是极其考验营销者功夫的。

从生活里来，到产品中去。面对粒粒香菇，项目组苦苦思索，突发奇想，何不化整为零，从菇粒入手，找到消费者可感知的东西。小小一瓶仲景香菇酱到底藏了多少粒香菇？项目组一一数来。出乎意料，一瓶香菇酱竟有 300 多粒

香菇！

香菇有营养是地球人都知道的，但香菇到底有多少种营养？项目组查资料、请专家，狂补香菇营养课，发现香菇含有氨基酸、微量元素、维生素及各种酶等将近 30 种营养，考虑记忆度和数据的可信度，最终在传播时低调定为 21 种营养。21 在生活中是容易被记住的数字，比如 21 金维他跨越 21 世纪等。

"300 粒香菇，21 种营养"，营养佐餐酱的健康价值浮出水面。

将产品核心价值数字化，有粒有据，顺口易记，真实可信，也有效建立了品牌区隔。

配合产品核心价值，借用当年流行语"很……很……"（很傻很天真）的句式，品牌口令为"仲景香菇酱，真香真营养！"后来成了营销金句。

将公共资源私有化，打造独有的品牌图腾

抢占公共资源，是农产品品牌建设的重要法则。

"采蘑菇的小姑娘"是几代人熟知和喜爱的儿童歌曲，有着广泛的群众基础。一听到这首歌曲，脑海中就会浮现这样的画面：青山、绿水、大自然，快乐的小姑娘背个竹篓采蘑菇，沉浸在享受劳动的快乐中，既能勾起儿时记忆，又能引起消费共鸣。其意境与西峡香菇的天然、生态、至诚至真的调性高度吻合。

这是无比宝贵的公共资源。歌曲中有着对香菇丰富、美好的联想和认知，对品牌传播、促进消费者对新产品的快速认知能量巨大，企业应该快速将之"据为己有"。

令人意外和兴奋的是，《采蘑菇的小姑娘》曲作者是作曲界的"大姐大"谷建芬，词作者为文化部原副部长陈晓光。一不小心，《采蘑菇的小姑娘》成了最高级别的词曲组合，我们的创意也成了最高级别的创意。我们充分尊重知识产权，迅速完成了授权。

"采蘑菇的小姑娘，就采仲景香菇酱！300 粒香菇一瓶酱，21 种好营养！仲景香菇酱真香，大家一起来分享！哇塞，仲景香菇酱，真香真营养！"

伴随着熟悉的旋律，仲景香菇酱一下征服了消费者的心。

品牌歌曲"采蘑菇的小姑娘"以及广告中那个可爱的小姑娘的形象，定格为仲景香菇酱的品牌图腾，成为企业的"私有财产"，与产品和品牌融为一体。

包装就是媒体，包装是最好的导购员，这是福来的创意设计观。仲景香菇酱的包装就是广告，把香菇的价值、西峡香菇的特点，优越的产地生态——生态原产地保护、伏牛山世界地质公园、南水北调水源涵养地，典型的消费场景和吃法全部体现出来。每天 15 万瓶的出货量，等于每天有 15 万张宣传单飘进千家万户。

市场操作：做特产，要"特事特办"

农产品特产的市场操作，一定要结合企业的人财物资源状况和特产消费的特征，科学规划，以小博大，找到适合自己的路。

战略步骤：面—点—线—面

基于对调味酱产品行业本质的洞察，结合企业现阶段产能有限、资金有限、营销团队有限的局面，企业以面—点—线—面进行市场循序开拓。

面：放眼全国。仲景香菇酱要想做大，走向全国是必然，但要稳步推进。要充分利用好郑州秋季糖酒会主场机会以及专业媒体平台，在全行业发声，抢占营养佐餐品类制高点，低成本打造强势渠道品牌。

点：样板打造。重点做好河南样板市场的推广和招商工作。河南是大本营，因此通过启动河南市场探索模式，磨合队伍、积累经验，为启动全国打基础。

线：样板复制。成功启动河南市场后，在陕西、山东、河北、北京、天津等外围核心市场圈摆兵布阵，进行样板快速复制。同时，全国市场要强做招商。

面：全国启动。选择重点省市进行模式复制，战略性品牌大传播，全网络覆盖，启动全国市场，登陆资本市场，让仲景香菇酱香遍全国。

市场推广：战术手段战略化

河南市场是仲景香菇酱营销战的第一战场。在这里必须树立营销团队和消费者的信心。针对香菇酱的特性，市场推广的具体方法为"三到"：看得到、尝得到、买得到。

看得到

高空大传播聚焦资源，靶向投放。在电视广告上，与《梨园春》这档河南卫视王牌栏目深度合作，通过赞助、贴片、植入等形式，用足用透这一河南收视制高点。

在重点终端和户外，采取"大卖场+交通要道+主要商业街+批发市场"投放策略。在南阳和西峡，更是将户外广告牌做到政府门前，这样时刻提醒政府，这可是咱家乡的特产。

网络置顶话题连连："西安宝马女狂奔 600 里，只为小小一瓶酱""哥找的不是香菇，是胃口！""河南美食新三样，烩面、胡辣汤、香菇酱！""一天一瓶酱 谁来帮我养女友"，引发大量网民围观。

联合《大河报》等媒体开展"谁是最可爱的采蘑菇的小姑娘"评选，组织小宝贝和家长亲临仲景香菇基地参观，体验"采蘑菇"。他们都是天生的演员和宣传员，引起了上百万孩子和家庭的参与，体验与互动结合，线上与线下互动，口口相传。

终端建设实行重点商超媒体化，让商超成为仲景香菇酱的品牌宣传前沿阵地。每个重点终端一台电视屏，广告歌曲循环放，第一时间植入心智，成为消费魔咒。单一物料规模化，春节前夕，集中投放 10 万小汽球，一下子在人头攒动的大商场及户外形成品牌风景线。

尝得到

用产品卖产品，用体验做营销。针对仲景香菇酱良好的口感和质感，我们把试吃动销作为一种战略手段。通过在 KA 卖场、社区、学校、写字楼（派发品尝装）的品尝活动，让更多的消费者吃起来。

这里强调一点，试吃在快消行业并不新鲜，但是仲景香菇酱却做得与众不同。

统一的促销物料、统一的人员形象、统一的促销话术，企业真正做到了试吃规模化、标准化、持续化。

抓住家长心理和儿童消费特性，从孩子入手，充分保证品尝率、购买率和回头率，把家庭消费带起来，口碑传播动起来。

令人意想不到的是，当时为了品尝方便，我们在品尝现场用干豆片卷香菇酱并用牙签食用的方式，竟然成为很多家庭餐桌的一道菜。

买得到

除了在 KA、连锁超市、批市、便利店等进行全面铺货，更重要的是开辟了名烟名酒店、特产礼品店、热门旅游景点等特殊渠道，最大化地保证了产品的终端可见率。

同时，仲景食品高度重视网络渠道建设，构建了天猫旗舰店＋网络渠道联盟＋促销链接联盟的全网络渠道布局。KA、流通、特通、网络的全渠道策略既顾全了中原市场消费，又打通了全国。

再发令：让健康有滋有味

创新发展永远在路上。从 2016 年起，仲景食品品牌建设全面升级，"让健康有滋有味"成为企业的品牌口令，既是对仲景品牌基因"健康"的坚守与传承，亦是对"药食同源"理念的宣导，更是与顾客对食品"滋""味"要求的契合与满足。品牌标志采用了文字创作法，把"仲景"作为核心元素，源于传统篆书文化，并赋予时代感与个性化，与仲景宛西制药板块进行了有效区隔。

品牌图腾"采蘑菇的小姑娘"，基于新广告法的要求以及未来发展的需要，被我们进一步艺术化创作，成为具有自主知识产权的品牌资产。

仲景香菇酱的产品营销，也从"真香真营养"的口味诱导和口号记忆进化到"拌饭炒菜香"的场景营销，并配以"香菇牛肉酱"新品，进一步打破场景局限，释放产品消费的广谱性与适应性。同时，仲景食品研发出菌菇类天然调味料——菇精调味料，这是仲景企业原创的食品"芯片"，已通过国家级关键技术鉴定，将为企业赢得新的竞争优势和更大的发展空间。以此为基础推出的新品"六菌汤"深受欢迎。仲景食品以健康为魂，以创新为原动力，继续在农产品快消化、健康化之路上创造新传奇。

双轮驱动：一个农产品品牌引发的蝴蝶效应

2010 年，仲景香菇酱上市第一年即在河南市场异常"吃香"，第二年，周边陕西、山东、河北、湖北市场也开始闻香而动；后来，北京、新疆、浙江等全国各地的经销商也都蜂拥而至。5000 万、1 个亿、2 个亿……5 年，销售额从 0 到 10 个亿，在香菇品类里引发众多企业的模仿和追赶，成为行业标杆。同时，借助美国最大的亚洲食品销售服务集团 Walong Marketing，仲景香菇酱开始走进北美、澳洲等国家市场，让世界尝尝中国香。

仲景食品也从一个小作坊式的加工车间到现代化、花园式的仲景食品产业园，实现了小特产的大发展。仲景食品即将登陆 A 股资本市场，成为行业第一股。

更重要的是，仲景香菇酱带动了西峡香菇的产业转型和价值升级，推动区域特色产业持续做强做大。如今西峡香菇出口全国第一（2018年自营出口额达到11.8亿美元），总产量占中国香菇的近1/5，年产值50亿元以上。西峡是全国香菇的集散中心、价格中心和信息中心，成为名副其实的"世界香菇第一县"，形成西峡百里香菇走廊、香菇大市场、香菇产业集群、香菇产业城的可持续发展的良性产业生态。

道生一，一生二，二生三，三生万物。

西峡香菇、仲景香菇酱、仲景食品，西峡香菇产业、西峡区域经济，一个地方特产成就一款产品，一款产品成就一家企业，一家企业带动一个产业，一个产业搞活一方经济。

这不正是中国农产品区域品牌建设双轮驱动的生动图景吗！

下 篇

联合体企业品牌：
农产品区域品牌建设的载体和主体

第一节
联合体企业组建路径及模式

农产品区域品牌建设，要政府、企业双轮驱动。那么，联合体企业如何驱动呢？

（一）联合体企业的责任和使命

第一，在产业和品类上，联合体企业应该起到主导、示范、带动作用。带动中小企业、合作社、大小农户共同发展，成为引领产业和品类健康发展的"带头大哥"。

第二，在企业品牌上，要做区域公用品牌的代表。在区域公用品牌之上，打造企业品牌，解决区域公用品牌做得震天响，可消费者却不知选择谁的问题。

第三，在企业品牌与区域公用品牌的关系上，联合体企业品牌对区域公用品牌要起到承载和弘扬的作用，相辅相成、相得益彰。

（二）判断标准：市场竞争能力是首要条件

判断一个联合体企业是否合格，首要条件不是产业整合能力，也不是资本实力，而是赢得市场竞争的能力。

只有取得市场成功，获得消费者认可，联合体企业才拥有真正的产业整合、带动与引领能力，也才可能实现产业使命和任务；否则，一切都是空谈。

（三）组建方式一：有则引导，龙头择优

每个区域都会有一批依托区域产业的农业龙头企业，或大或小，或国资或民营。联合体企业完全可以从中择优产生。

如果有产业基础良好的国有或集体企业，政府进行引导、扶持、改造，即可作为联合体企业，作为带动当地产业发展的新型市场经营主体。如东阿阿胶、伊利乳业、乌江榨菜等。

从本质上说，中粮集团、中国农业发展集团、首农食品集团等中央或地方国有粮农企业，承担的正是国家或区域的农业发展联合体企业的重任，只是发挥作用大小不一。

如果有实力和能力兼具的民营龙头企业，政府则应该集中优势资源，支持和推动其成为联合体企业，引导其扛起产业大旗，如好想你枣业、百瑞源枸杞等。

从现有农业龙头中择优，引导、培育联合体企业，是相对省力的做法。但有两个关键点：政府不越位，企业要作为。

（1）政府不越位。企业才是市场经营主体，政府更多的是服务、支持、引导，即使是国资背景企业，政府也不能过多干涉。

（2）企业要作为。作为联合体企业，在可持续、可盈利的基础上，也要承担产业带动、产业扶贫、富民强区、绿色发展等方面的社会责任。

（四）组建方式二：无则主导，三力合一

如果没有能担当重任的，政府则要当仁不让，主导组建一个新型经营主体。在组建的机制上，我们认为要三力合一，即政府主导、社会参与、团队参股。

1. 政府主导

政府主导，是指政府授意，以国资公司出资发起，主导成立一个国有或混合所有制的企业法人式的市场经营主体。该主体可以吸纳其他民营主体或服务组织入股。政府出台相关扶持政策，协调税收信贷支持，调动政府社会资源，集中人、财、物，把主体做强做大。

就像江苏盱眙县的"盱眙龙虾"产业，产业发展全国领先，但缺乏有市场竞争能力和资本实力的龙头企业和消费品牌。为引领产业升级和发展，2015年，由盱眙政府主导，盱眙县国资公司发起，盱眙龙虾产业协会入股，成立了联合体企业——盱眙龙虾产业发展股份有限公司，并在福来协助下推出了企业品牌"盱小龙"。

山东寿光市的"寿光农业发展集团"也是政府主导、由寿光市国有资产监督办公室全资组建的"寿光蔬菜"联合体企业。我们为其命名企业品牌"漫耕芸"。

另外有一种情况，是政府主导，由当地有实力的"非农"国企出手，成立现代农业板块，担当区域农业产业经营主体使命。如，云南省国资系统的"云天化集团"，在我们协助下成立"特芸南"农业平台公司，推出傣王稻勐海香

米、小粒咖啡等产品。新疆维吾尔自治区国资系统的"新业集团",在我们协助下成立沃疆农业公司,推出瑰觅于田玫瑰、果之初和田核桃、阿斯曼喀什羊肉等。新时代、新使命、新作为,发扬国企龙头的责任和担当。

国外也有成功案例,如韩国的高丽参用户品牌"正官庄",中国 5000 余家人参企业没有一个可以与之抗衡。可能很多人不知道,正官庄背后的企业主体韩国人参公社,正是由政府于 1899 年所创立。

正官庄的品牌名称很好地诠释了这一点:"正"代表公道、公正,"官"代表政府、官方,"庄"代表庄稼和工厂;"正官庄"的含义就是由政府主导开发生产的可信赖的产品。

2. 社会参与

社会参与,是指在农产品区域品牌建设中要引入社会资源、社会资本和第三方咨询机构等,重点整合资本、技术、渠道平台、人才智慧等优质要素,相互协力,共同参与品牌建设,促进产业发展。

在社会资源和资本引入上,要充分发挥政府的公信力、凝聚力和号召力。

松粮集团引入中石油吉林油田作为大股东,中石油全国 5000 家加油网点都成为"查干湖"大米的产品展销终端。松粮集团还与格力达成战略合作,共同探索和推广大米等农副产品的营销模式,在全国 1 万个"格力店"实行"买空调赠送大米"。

新疆果业集团(品牌为西域果园),作为新疆林果产业的主力联合体企业,则是由自治区供销社参股、社会法人、企业员工共同持股的混合所有制企业,充分发挥了国资、员工和社会法人各自的优势和主观能动性。集团在林果主产区建立了6大基地，在北上广等9大内地中心城市和周边地区建立直销中心和400多家连锁网点，实现农产品交易总量100万吨，带动订单农业40万亩、农户15万户，2018年营业额突破50亿元，成为疆品出疆真正的领头羊。

线上线下的渠道平台资源也非常重要，尤其是B2B、B2C电商和新零售平台。移动互联网时代背景下，阿里巴巴、京东、拼多多等为代表的线上线下新势力，已经成为农产品销售与品牌建设重要的战略性推广平台。

另外，政府通过购买"农业社会化服务"，获取第三方的智慧和资源支持，也十分必要。

目前，我国还处在公共服务购买的探索阶段，存在"招标流程烦琐、低价中标导向、重资质轻实战"等问题。近年来，在区域公用品牌建设等专业领域，政府解放思想，提升专业水准的意识明显增强，成效也显著提高。

在刚刚召开的首届中国品牌农业"神农论坛"上，由中国人民大学农村发展研究所、中国合作社研究院、京东农场、福来战略品牌咨询机构联合国家级高端智库、行业协会、权威媒体、科研机构等共同发起成立的"神农合作组织"，就是整合了农业产业链各方面的优质资源，形成的"实战型"中国农业社会化服务平台。

3. 团队参股

团队参股指的是，一方面区域内条件成熟的农业合作社和家庭农场要参与进来，另一方面吸纳经营团队参股，让产业链利益相关方以及经营主体企业的管理团队，形成强大的凝聚力，以共荣共生、利益共享来驱动整个经营组织的最大潜能。

首先，鼓励农业产业化联合体探索成员相互入股、组建新主体等新型联结方式，可以实现深度融合发展。引导农民以土地经营权、林权、设施设备等入股家庭农场、农民合作社或龙头企业，采取"保底收入 + 股份分红"的分配方式，让农民以股东身份获得收益，增强每个环节经营主体的组织共识和行动一致性。

其次，联合体企业的经营管理团队参股，留住人才，激发潜能。目前，我国农业新型经营主体，对经营管理团队参股与股权激励比其他行业要差很多，导致吸引、留住人才的能力偏弱。可通过入股或赠股形式，吸纳优秀的职业经理人和专业技术骨干，参与组织经营，确保企业的经营活力、创造力和竞争力。

乌江榨菜就是一个很好的例证。在重庆涪陵榨菜集团进行国有企业改制时，政府官员出身的董事长周斌获得 4.8% 的股份（其他高管也都有股份），一干就是 17 年，将濒临倒闭的国有企业做成了中国榨菜第一股，带动涪陵榨菜产业的健康可持续发展。

很多成功的龙头企业都是这么过来的。比如双汇，过去是国企，2006 年经过国企改制，管理团队持股，极大地激活了企业的成长动力，推动了企业高速发展，成为全球猪肉行业的龙头老大。

海天酱油是由佛山 25 家历史悠久、影响也最广的老字号酱油厂合并重组而成，经过 1994 年和 2007 年两次改制，全体员工持股后，一跃成为中国调味食品企业老大。

4. 主导组建关键点：看谁的脸色、谁当领军人

政府主导组建联合体企业，也有两个关键点：

（1）看市场脸色，不看市长脸色。政府主导组建的联合体企业，最大的问题就是不知道屁股坐哪边。很多都是体制思维，市长怎么说就怎么干，市场放在第二位。这是一个很普遍的错误，往往把一个企业单位搞成一个事业单位。

要充分发挥市场配置资源的决定性作用，尊重新型农业经营主体的市场主体地位。

（2）李云龙式的企业领军人。要高度重视企业领军人的选拔，最好是像李云龙式的领军人，有魄力、能创新，敢想敢干，充满激情，懂体制内的规则，又不默守成规。

企业归根结底还是企业家干出来的。天津市委、市政府更是把"产业第一、企业家老大"的理念写进《关于营造企业家创业发展良好环境的规定》，可谓抓住了关键。

第二节
战略寻根：决定联合体企业命运的关键选择

战略决定命运。一个企业能走多远，取决于这个企业是否有战略的思维和能力。

管理学大师彼得·德鲁克说过：每当你看到一个伟大的企业，必定有人做出过远大的决策。这个远大的决策，指的就是能够决胜未来的战略决策。

缺乏战略是当下中国企业的一大通病。雷军说过，不要试图用战术上的勤奋掩饰战略上的懒惰。把运营战术当成企业战略，是造成当下企业困境的根本原因。那么，战略是什么呢？

（一）战略的本质是"寻根"

战略的本质是"寻根"，根深则叶茂。没有根的企业，想法多，做不强，长不大。战略就是要做有根、有门槛、有未来的事。

战略之根是基于社会生态环境做出的根本性抉择。福来帮助客户明确事业应根植于何处、边界在哪里、应去向何处。围绕着战略之根，界定企业战略目标，规划战略路径，形成清晰的、可持续的经营蓝图。

（二）方法：三维战略寻根法

战略之根，即根植于何处，简单来说就是"划地盘、定边界"，决定做什么、不做什么。

乔布斯曾说过，最重要的决定不是你要做什么，而是你决定不做什么。但对大部分人来说，决定做什么很容易，决定不做什么却很难。

控制着全球 80% 的粮食交易的四大粮商"ABCD"，同做粮食贸易也各有战略取舍。ADM 注重研发，不断通过化学研究，在相关领域扩张，比如玉米生物燃料，是美国最大的生物乙醇生产商；邦基以注重从农场到终端的产业链完整性而著称，在南美拥有大片农场，一边向农民卖化肥，一边收购他们手中的粮食，再出口到其他国家或者进行深加工；嘉吉公司一直很注重粮油物流、加工，开发第三世界国家市场；路易达孚集团则重视通过期权期货来平衡农产品的交易风险。

我们必须承认，一个企业想要满足所有人的需求，抓住所有的顾客，这几乎是不可能的。战略设限，选择不做什么，才是战略大智慧。"有舍才有得"，只有知道要放弃什么，才会深刻领悟想要做什么。

如何寻找战略之根呢？福来根据多年咨询服务经验总结为"三维战略寻根法"，从三个维度去挖掘：根本资产、根本趋势、根本竞争。

1. 挖掘根本资产：我有什么基因和独特优势

所谓根本资产，即企业成功的基因是什么？有什么？会什么？深入挖掘企业的成功基因、优势资源和核心能力，包括独特的产业资源、核心技术、品牌影响、声誉产品、渠道模式、顾客认知、市场地位等因素。先进行"内部分析"，充分了解自己的优势资源，找到自己的核心竞争力和企业成功基因。

2011 年，福来给南方黑芝麻集团做品牌咨询，接到的任务是打造一款新产品，提升公司的经营业绩。当时企业执行的是"糊老大"战略，即冲调食品战略，除黑芝麻糊外，还开发了玉米糊、核桃粉、豆浆粉等产品，但经过几年投入与推广，新产品占比不到 10%，收效甚微。

通过调研，福来发现，冲调市场老年化、边缘化，战略上行空间不足，而作为"黑芝麻糊"品类的开创者，南方黑芝麻糊飘香 22 年，堪称经典。品牌高美誉度、黑芝麻健康营养价值的普遍认知，是其最大资产。基于此，福来一针见血地指出："痛在产品，病在战略！"必须从"糊"里跳出来，做黑芝麻老大，以"黑芝麻"为战略之根，品牌年轻化，开发系列黑芝麻产品。战略调整后，销售额 6 年增长 4.5 倍，实现了小芝麻大空间的发展。

福来服务的中国对虾第一股"国联水产"，是出口虾王。面对陌生的内销市场，出口虾王如何战略转身？

我们深入分析了其根本资产，面对国内市场，国联有两大独特优势，一是"全球领先的对虾产业链技术和品控体系"，二是"符合欧美质量标准的高品质对虾"。面对国内"小散乱"的对虾市场，我们制定了"全球优质水产供应

商"的战略之根，走中高端路线，B2B 做优质供应链、B2C 做终端品牌产品，并提出了"世界标准，好虾龙霸"的品牌口令，以及"全球对虾样板基地"的价值支撑，为国联水产内销奠定坚实的战略根基。2018 年，国联水产实现营业收入 47.38 亿元、净利润 2.31 亿元的历史好成绩，进一步夯实行业霸主地位。

我一直强调，战略一定要基于企业基因，因为基因是企业成功与否的最大决定因素。背离企业基因的战略选择，注定走不远。

明明是"中国白酒"的基因、"国酒茅台"的灵魂，却要走"多酒种"的战略。茅台集团先后推出了茅台啤酒、茅台葡萄酒等，结果茅台啤酒连续亏损 13 年，被华润雪花接盘；茅台葡萄酒也是连续亏损，成为茅台集团的"心病与包袱"。

汇源近些年在全国各地"跑马圈地"，建各种农业产业园区。我认为比较盲目，虽然抢占了很多地盘和资源，但如果不能盘活的话，将会成为巨大的负担。这不，2019 年 4 月，汇源果汁"卖身"天地壹号，商标抵资，退守上游产业的消息被公告。天地壹号向汇源注入 30 亿元，购买了汇源果汁的下游经营权。汇源果汁间接通过这笔资金，以求渡过债务危机。一代果汁大王，实在可惜了。

雨润，曾与双汇齐名，是中国肉制品双巨头之一，后来不务"肉"业，涉足地产、商业、旅游、金融等多个行业。从 2015 年开始，之前大手笔多元化的负面效应显现，而主营业务不仅没有同步提升反而不断下滑，导致雨润集团大面积亏损，今天已经无法与双汇同日而语。

万达做农业，也是一个道理。2014 年万达投资 10 亿在贵州扶贫，计划在贵州丹寨养猪和种植硒锌茶叶。后来，准备推终端茶叶品牌。项目团队找到福来，我们给出的建议是：茶业不是地产，农业不是纯粹商业，实力固然重要，但更重要的是你的基因，品牌茶叶不适合万达，请慎重考虑。后来，万达战略性放弃了品牌茶叶这个项目，而是集中精力做了丹寨万达小镇，做得风生水起。

我们在为新疆自治区供销社新疆果业集团做战略规划时，洞察到新疆拥有全中国乃至全世界都很独特的自然条件，以及中外驰名的优质瓜果，却严重缺乏真正有能力和实力的联合体企业及品牌。这是果业集团最大的战略机遇，也是其长远发展的基因和根本资产所在，所以其战略之根为"新疆特色优质果品"，做新疆特色果品产业的整合者与引领者，成为"中国人的果园"，推动产业进步，引领消费升级，树立行业标准，助推新疆经济。四年时间，集团营业收入实现了从 17.6 亿到 50 亿的大跨越，成为当之无愧的新疆果业王。

都说熟悉的地方没有风景，但我说，熟悉的地方才能轻车熟路。

2. 把握根本趋势：趋势大于优势，未来才是战略

所谓根本趋势，是指对未来的判断、对变化的认识和准备，是企业对未来发展和需求变化的判断力，包含国家大势、行业趋势、技术革新、市场发展、消费趋势，其至是国际趋势。

沿着老地图，找不到新大陆。

这是一个全新的时代，其基本特征就是健康化、品质化、个性化、多样化、便利化、场景化和体验化。"品质＋场景"是最大的变量，由新优品和新场景创造的新体验构成新零售的核心，也成为未来企业竞争的核心。

以移动互联网、移动支付、人工智能等为代表的新技术，则提供了最好的实现支撑。这是农业食品产业未来发展最大的趋势，蕴含着巨大的"人民日益增长的对美好生活的需求"。这就是最大的市场机会和密码。

饮料大王娃哈哈近年来的"节节后退"，根本原因在于未能与时俱进，仍然以 20 年前的成功经验和商业逻辑，大规模制造、大规模铺货、低价格销售，沿着老地图，厮守老阵地。

趋势大于优势。今天强大的优势，会被明天的趋势轻松碾压，毫无还手之力，而且充满戏剧性。

15 年前，谁也不会想到作为手机代名词的"诺基亚"和胶卷代名词的"柯

达"，有一天会在主流市场上消失。

联想进军农业，2013 年成立佳沃集团，选择高价值水果作为切入点，先是推出了蓝莓，此后还推出了猕猴桃、车厘子等。选择高价值水果这个品类，就是符合中国消费升级的大趋势。2018 年佳沃蓝莓销售收入超过 17 亿元，成为蓝莓品牌老大。

战略并不是"以过去推导未来"，而是"以未来推导现在"。

好战略一定是面向未来的，是未来 5～10 年，甚至更久。根据我们对未来趋势的判断，决定现在的取舍，并相应配置资源。正如阿里巴巴总参谋长曾鸣所言：从终局看布局就是有战略，从布局看终局就是没战略。

寿光市委、市政府为推进寿光蔬菜产业的发展，由市国资办出资成立寿光农业发展集团。作为寿光蔬菜战略品牌咨询顾问，我们认为其战略使命就是面向未来，推动寿光蔬菜的区域品牌建设、产业升级和高质量发展，其战略之根是要摆脱过去仅仅满足冬季吃上蔬菜的基本需求的模式和产品，而是要满足和引领消费升级，追求更高品质、更具特色的"美好需求"。

农发集团要站在寿光蔬菜区域公用品牌的

肩膀上，战略根植于"高品质、特色寿光蔬菜"，整合寿光蔬菜全产业链，升级并输出寿光模式，最终成为中国设施蔬菜全产业链解决方案提供商。

3. 洞察根本竞争：先胜而后战

所谓根本竞争，是指对竞争要素的深入洞察，以判断赢得竞争的战略机会，包括竞争格局、竞争阶段、竞争要素、竞争强度等。

有所强，必有所短。阳光普照下的光鲜，背后一定有阴影。再强大的对手也有弱点，就看你能不能深刻洞察。

我们服务的内蒙古兰格格乳业，以酸奶为主要业务。从全国来看，蒙牛、伊利领跑；从区域来看，君乐宝、三元、光明强手林立。

伊利、蒙牛靠内蒙古"草原牛奶"价值起家，但奶源全国布局后，必须弱化地域，"丢掉草原"，在酸奶品类打起欧洲洋范儿。既然伊利、蒙牛占不住草原了，"草原酸奶"就成了兰格格的战略机会。兰格格作为内蒙古专业酸奶乳企，就要当仁不让地抢草原公共认知，高举内蒙古草原酸奶大旗。这正是我们为兰格格制定的"草原酸奶"战略之根，以及"内蒙第三、中国第一"战略目标的竞争逻辑。

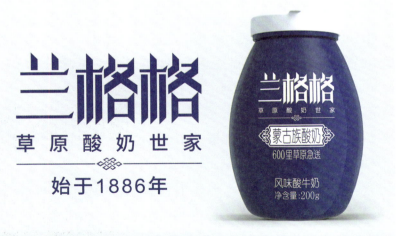

善战者，先胜而后战。

根本竞争的关键就在于，洞察时局，找寻竞争机遇。1947 年，毛主席在《解放战争第二年的战略方针》中讲道："必须注意不打无准备之仗，不打无把握之仗……"

作为新品牌，尤其是联合体企业品牌，还是要避开行业强者的锋芒，找准竞争机遇，巧妙出击，切忌"明知山有虎，偏向虎山行"。

比如说同仁堂做凉茶。按理说，同仁堂作为中药老字号，推凉茶产品也没毛病，毕竟市场 600 亿，够大，同仁堂牌子，够响，分一杯羹不难。但是，同仁堂忽略了竞争的两个关键要素：阶段和强度。

阶段上，凉茶已经进入终端品牌深度竞争阶段，品牌专业性要求很高；强度上，面临"双寡头"格局，王老吉和加多宝都是营销的顶尖高手。面对这种竞争，同仁堂也是无能为力了。

温氏做牛奶，如果像温氏养猪一样，专注产业链前端，做奶牛养殖和华南优质奶源供应，是一个好战略。但硬要做终端品牌牛奶，很需要掂量掂量伊利、蒙牛的分量。

所以，我们要懂得避开竞争对手的强势位置，找寻竞争机遇，寻找对手较为薄弱的地方，巧妙出击。

通过对根本资产、根本趋势、根本竞争三个纬度进行全面深入的营销生态洞察，就会清晰地知道我们的事业应根植于何处，边界在哪里，应去向何处。到此也就是找到了战略之根。

（三）战略目标：围绕战略之根，抢位品类老大

1. 明确战略意图，第一重要的是做第一

杰克·特劳特说，品牌建立在国家或区域心智资源之上，才有先天性的强势竞争力。

作为联合体企业品牌，我们要做好区域品牌的抓手和载体。与此同时，要

以市场化需求为导向，第一战略目标就是"抢位品类老大"。

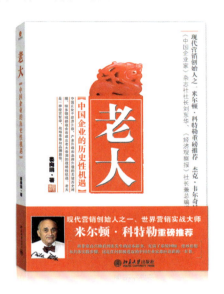

福来一直强调，老大是一种战略性稀缺资源。老大是一种不讲理的战略逻辑。成为老大，就会在品牌、资源、资本、成本、市场、消费者心智等方面形成全方位的优势富集效应，拥有行业最大的主导权和话语权。

佳沛奇异果、立顿、正官庄高丽参等国际成功品牌的启示进一步告诉我们：老大怎么来的？抢来的！品类是大锅饭，品牌是金饭碗。要用品牌抢占并代表品类。

我反复强调，抢占"中国第一股（品牌）"，实现战略高度占位和资源抢位的机遇，是大农业产业最大的战略价值。乌江榨菜、六个核桃、好想你等都是单品突破的典型，也成就了"榨菜第一股""核桃乳第一股""红枣第一股"。

2. 老大战略，增长三步走

做老大分三步：首先在小池塘里做大鱼，第二步做大池塘里的小鱼，第三步做大池塘里的大鱼。

例如，对于乳企而言，做不了牛奶老大，就做酸奶老大；做不了酸奶老大，就做草原酸奶老大。然后再倒过来走，成为大池塘的大鱼。这是福来为内蒙古兰格格乳业制定的战略目标。

好的战略目标设定会给整个公司或者组织带来方向感、探索感，会激发组织的巨大创造力和张力，引领组织积极向前。

3.实现战略目标的四大关键要素

首先，坚定的战略定力。我们知道，飞机起飞的时候最费油。我们要坚定战略不动摇，保持战略定力，不做战略上的"墙头草"。同时，还要跳出单纯的短期财务指标，站在企业观念转变、战略转型、模式转变与中长期可持续发展的高度上，进行品牌打造的持续性投入。

其次，高度的组织共识。一旦战略明确后，就要保持战略的统一性，如《孙子兵法·谋攻》中所说：上下同欲者胜。战略明确后，企业上下所有成员要达成共识，上下同欲，保证所有人的意志、行为的一致性，且指向同一个战略结果。

第三，专业的团队能力。战略引领，人才驱动，好的战略还需要好的团队去执行。联合体企业要打造面向消费者的终端品牌，企业市场化运营是前提。在此基础上，要配备专业管理和营销团队，以市场化为导向，建立并完善经营管理制度及品牌营销体系。

第四，充分的资源配置。一旦战略明确，路径清晰，在产业端和市场端要保证充分的资源投入，尤其是市场开拓和品牌推广投入上，要有战略持续性、阶段饱和式的投入。联合体企业作为区域品牌产业升级的战略抓手和整合平台，要充分利用国资背景，整合产业优势资源，如政策、资金、园区、监管、追溯等，要第一时间"为我所用"，确保项目的有序推行。

（四）战略配套：强化战略之根

战略配套，既是夯实、深化战略之根的"基本功"，也是企业的"内功心法"。只有基本功修炼扎实了，才有实力问鼎天下。

农夫山泉，围绕"健康天然水"战略，进行天然水水源地战略布局。目前，全国已布局八大水源地，包括浙江千岛湖、吉林长白山、湖北丹江口、广东万绿湖、四川峨眉山、新疆玛纳斯、陕西太白山和贵州武陵山。覆盖全国的优质水源地，是其"天然水"战略的强力支撑。

汇源的战略之根是"100%纯果汁"，本应该坚持定力，围绕战略之根，聚焦资源，在源头（原料）、品质、品牌、声誉、沟通、管理等方面进行战略配套，引领品类的升级与发展，持续强化战略优势。但汇源不断折腾各种新产品，不断偏离纯果汁路线，并将核心资源投入到了大农业的"跑马圈地"，结果，好梦难圆，屈驾卖身。

围绕"草原酸奶"战略之根，福来为兰格格乳业进行系列战略配套设计：召开"中国草原酸奶大会"，申报乌兰察布为"中国草原酸奶之都"，建立内蒙古自治区"草原酸奶工程技术中心"，创建"草原酸奶博物馆"等，为实现"草原酸奶老大"战略目标，一步步奠定坚实基础。

以百瑞源枸杞为例。我们为百瑞源规划的战略之根是"高品质宁夏枸杞"，紧紧围绕这一战略之根，进行科技、文化、声誉、人才四大产业配套，抢占四大制高点。

一是科技制高点。建立百瑞源（中国）枸杞研发中心，被授予"国家枸杞加工技术研发专业中心"，这是目前枸杞行业唯一的国家级农产品加工技术研发专业中心；开创独立小包装、锁鲜枸杞，一次次引领行业升级，奠定高品质枸杞地位。

二是文化制高点。百瑞源建成中国枸杞博物馆，打通文化和销售链条。抢占文化资源，将博物馆资源"私有化"，凸显产品品质，彰显企业行业领导者地位。

三是声誉制高点。2010 年百瑞源成为唯一代表宁夏进驻上海世博会品牌，2017 年成为"金砖国家领导人"国宴枸杞唯一入选产品……抢占行业声誉制高点，支撑高品质战略，赢得行业话语权。

四是人才制高点。高度重视产学研合作与人才培养，与中国农科院、江南大学、浙江大学、中科院、暨南大学、宁夏大学等科研院所达成科技合作项目及实施农学人才培养，保障"高品质宁夏枸杞"战略落地。

百瑞源的每一步，都在夯实"高品质枸杞"的战略之根。这是值得我们参考和借鉴的。

（五）战略路径：将战略意图转化为战略地图

我们经常说："做农业，没有捷径，最大的捷径就是选对路径，不走弯路。"联合体企业的战略路径有两部分：业务路径和市场路径。

业务路径，就是明确企业的业务结构、业务主次。与区域公用品牌全产业链布局不同，联合体企业要有所选择。下面几个误区要注意。

全产业链害死人

在全产业链理念上，中粮扛了一杆很好的旗，但也无意中"误导"了很多企业，一哄而起都在搞全产业链，资源分散，大而不强，多而不精，不能自拔，非常痛苦。

全产业链看上去很美，所以很多企业陷入误区，企业越小，想法越多；销售越少，产品越多，95% 的企业是被撑死的，而不是饿死的！

我认为，95% 的企业不适合搞全产业链。

苹果、雀巢、立顿……这些全球巨头企业，没有一个是做全产业链的。他们只做产业价值链的两端：技术和品牌，其他环节整合全球最好的产业链资源为我所用，成为产业链的组织者与整合者。

正大集团，为了更好地打通中国零售终端，除了旗下卜蜂莲花超市，还大规模自建"正大优鲜"生鲜专卖店，但几年下来，"正大优鲜"做得并不理想。但其在泰国收购的 7-11 却很成功，也很强势，成为正大生鲜产品最重要的战略渠道和终端。

联想佳沃与鑫荣懋的战略整合，好想你对百草味的战略并购，都是优势互补，强强联合，是"1+1＞2"的经典例证。这也充分说明了"战略并购"是一个有效的全产链整合手段，并非一定要自己平地起高楼。

全产品链拖死人

佳沃集团和青岛市政府联合举办国际蓝莓节。中国的蓝莓企业很多都去了。我应邀去讲课，看到很多企业的产品，从鲜果到干果、饮料、酒、酱、保健品、化妆品等什么都有，而且都很自豪。我问一家老板年销售额多少，他不好意思开口，其实只有两千多万。大多数都是这个样子，什么都有、什么都想干，结果在哪个品类里面都不堪一击，所以我说全产品链拖死人。

这里不得不提到褚橙。褚橙多元化是一个危险的游戏，除了柚子，还搞苹果等，另外已经开始推出系列褚酒，还准备做玛卡的酒。褚橙才多大？去年两个多亿，褚橙的总产量为 2 万吨。而中国橙子市场每年的产销量突破 700 万吨，褚橙 0.5% 的市场份额都不到。中国的橙子市场已经好得不得了了，为什么要去搞多元化呢？

比"产业链"重要的是"价值链"

联合体企业最容易犯的毛病就是"贪大求全"，"全产业链"发展，忽视"价值链"业务、核心产品。如果能从产业链到价值链，把一个环节做强做透、做到不可替代，那么所有的环节你都可以打通。通俗来讲，就是我们先打好一口油井，然后建好一个油田，再建好一座炼油厂。

大道至简，有钱也不可以任性。从事品牌农业工作多年，我提出过一个"针尖理论"：小就是大，大就是小；多就是少，少就是多；快就是慢，慢就是快。

1. 业务路径：业务"1+N"，实现三产融合发展

作为推动区域品牌的抓手和载体，促进三产融合发展，是联合体企业的义务和责任。当然，这并不意味着联合体企业要全盘接手区域品牌的所有业务，而应根据自身优势资源进行有选择的业务规划。我们总结联合体企业业务"1+N"，有主有辅、层次分明。

"1"指的是根据企业优势资源和核心能力而确定的核心业务。这个核心业务可以是终端品牌产品业务主导，针对家庭消费市场，做价值、树品牌；也可以是品牌原料 B 2 B 业务主导，针对零售平台、大客户市场，做供应链服务；还可以是其他，如定制、团购等。

"N"指的是核心业务"1"明确后，确定其他辅助业务。"N"可以根据渠道和客户个性需求进行划分。但在我们看来，最多不宜超过三个，避免分散人力、财力、精力。业务规划的关键点在于有合理利润的消化产能。

中国滋补养生第一品牌东阿阿胶，以阿胶工业产品为核心业务，将工业生产与文旅业相结合，形成了以中国阿胶博物馆、中国毛驴博物馆、东阿阿胶城、中国毛驴主题乐园、阿胶世界透明工厂、东阿黑毛驴繁育中心、东阿阿胶乐活

中心和体验酒店，以及正在谋划建设中的东阿阿胶主题特色小镇为中心的产业融合新体验新模式，打造集文化传承、科研开发、生产物流、养生体验、工业旅游、规模养殖以及中药生物药制造销售等全产业链的大健康产业基地。

我们服务的"盱小龙"盱眙龙虾也是如此。盱小龙以"龙虾餐饮"为核心业务，以品牌原料 B2B、速冻调味虾 B2C、盱眙龙虾小镇文旅为重点业务，形成"1+N"的业务组合和布局。打造全球第一个小龙虾主题乐园，实现一二三产业融合升级，推动盱眙县域经济更高规格、更高质量的发展。

2. 市场路径：线上做面，线下做点

市场路径，就是选择战场在哪、怎么扩张？是全国撒网、遍地开花，还是局部深耕、打造样板？同时，在互联网时代，我们还要考虑线上线下市场的融合。

福来总结为八字方针：线上做面，线下做点。线上做面指通过电商平台，面向全国市场；线下做点指打造一个根据地市场，再进行模式复制。线上线下同步进行。

不论线上线下，市场开拓，聚焦是第一法则。

线上做面：搭车电商，面向全国

说到线上市场，很多企业都会有一个误区，希望自己搭建一个线上销售平台，结果搭建和运营成本很高不说，客流量也无法保证。

目前，已经拥有成熟的平台电商（天猫、京东等）、垂直电商（央广商城、

易果生鲜、每日优鲜等）和新零售（盒马鲜生、超级物种、7FRESH 等）。我们要做的不是自建一个销售网站平台，而是搭车成熟的电商平台，借势其资源，面向全国市场。

另外，企业官网、官微以及官方微商城都是企业开拓线上市场的窗口，我们要合理利用。

福来服务的"湘村黑猪"品牌，2017 年相继与永辉、山姆会员店、麦德龙等高端 KA 渠道深度合作后，积极拓展了互联网、新零售领域，先后与盒马鲜生、京东 7FRESH、永辉超级物种、本来生活、步步高云猴、每日优鲜等新零售展开战略合作，成为新零售的"新宠"，是国内率先全面进驻各大新零售的黑猪品牌。

2018 年 6 月，永辉超市出资，参与"湘村黑猪"公司的定向增发，认购 1600 万股，约占总股本的 9.93%，成为"湘村黑猪"第三大股东。

目前，"湘村黑猪"已进驻了全国 112 家盒马鲜生，2018 年 12 月的销售额接近一千万，预估 2019 年全年仅在盒马鲜生的销售额就能达到 1.2 亿元。盒马鲜生与"湘村黑猪"的深层次战略合作也在沟通中。

线下做点：三大战役，决胜全国

三大战役指的是聚焦战、扩张战、资本战。

任何一个企业，资源都是有限的，只有资源聚焦，才能形成强大的穿透力，小才是大，有点才有面，针尖捅破天。

线下市场的开发，需要人力、财力、物力、精力的配合，还要根据企业资源和能力、市场表现等因素综合考虑。一般来说，我们都建议先选择根据地，打造样板市场，也就是我们所说的聚焦战。

聚焦战，就是打造战略根据地，聚焦某一个或两个市场，做深、做透、做扎实，在这个区域市场内形成相对优势。它常常是企业选择的第一个主战场和大本营所在市场。

东阿阿胶，当年就是选择浙江市场作为战略根据地，为全国市场开拓打下战略根基；王老吉，走出广东，红遍全国，也是先从温州市场开始的；新零售新宠"湘村黑猪"，也是先从长沙和北京两个根据地市场，深耕三年，才厚积薄发，剑指全国，登上黑猪龙头宝座的。

电商、新零售亦如此。百瑞源枸杞，线下聚焦宁夏市场，专卖店＋商超＋旅销，线上聚焦天猫平台，集中人、财、物，与天猫战略合作，培育人才，总结经验，完善打法，实现"电商枸杞类目第一品牌"目标后才做的电商"全网"开拓。

样板市场拥有如下特征：一是企业可以为这个市场提供优势资源（包括销售团队、政商两界人脉）；二是市场销售良好，并且在与同类产品或者近似产品的竞争中优势显著；三是在市场战略布局上，可以支持企业向全国发展。

扩张战，指的是依托样板市场的成功模式，进行市场扩张。样板市场模式通过检验，品牌和市场有一定基础后，进行模式复制。从点到面，从面连片，完成大区域市场的布局，并不断深耕，打造产粮主战场。

资本战，指的是企业发展有一定基础和市场优势后，需要扩大生产规模或者产业链延伸，或者强化品牌领导地位，需要融资和上市等，完成资本市场的布局，进一步实现战略目标。

我们服务的仲景香菇酱，把企业的所在地河南南阳作为市场开拓初期的第一个战略根据地，首先在南阳市场做实做透，锻炼队伍，摸索模式，使之成为当地绝对的强势品牌。

很快，南阳样板市场的影响力就显现了出来，郑州市场紧随其后实现火爆销售，河南全省持续引爆，全国各地经销商闻香而动，纷至沓来，甚至不少大企业的营销精英也纷纷加盟仲景香菇酱销售队伍。这就是样板的力量。

目前，仲景香菇酱已经实现全国市场的网络布局，且每年保持稳定的销售增长。短短数年，从 0 起步，到年销售额过 5 亿，成为香菇酱品类的开创者和领导者，目前正在冲刺 A 股"香菇酱第一股"。

聚焦战、扩张战、资本战，打好三大战役，完成全国市场布局。

战略寻根解决了联合体品牌事业根植于何处、将去往何处，解决了品牌持续发展的根基；而接下来的品牌塑魂就是要解决联合体企业品牌能提供什么样的顾客价值，以及如何实现与消费者的高效沟通。

第三节
品牌塑魂：联合体企业基业长青的价值动能

联合体企业品牌，是联合体企业创建的有自主知识产权的商品品牌。它是区域品牌的市场代表，更是直接参与市场竞争、赢得消费认可的用户品牌。

它解决的是区域公用品牌"管的人不用、用的人不管"，成为"品牌公地"，假冒横行，透支信任，消费者不知选谁的问题。就像五常大米、阳澄湖大闸蟹。有了联合体企业品牌，区域品牌势能转化为消费者可选择的市场消费，就有了品牌出口。

（一）品牌的本质是"塑魂"

那联合体品牌如何挖掘品牌灵魂，并与消费者高效沟通呢？这依然要回到福来方法论的原点——品牌的本质。

品牌的本质是"塑魂"。魂立则心动。没有灵魂的品牌，如行尸走肉，难以存活于心。品牌就是要有血、有肉、有灵魂。

福来战略伙伴宛西制药，20 年前是豫西山区的一个小药厂，为了一个"仲景"商标，倾全年利润，花了 808 万，收购了濒临破产的南阳张仲景制药厂，将"仲景"商标揽入怀中。这为企业找到了至高无上的品牌"灵魂"，提炼出

"药材好，药才好"的品牌口令，大手笔推出仲景六味地黄丸。从此，企业发展步入快车道，发展到如今步入行业 50 强的股份公司，从一个传统的中医药加工厂，发展到涵盖工业、农业、商业、食品、医疗、养生等六大产业的中国大健康产业集团标杆。这就是品牌灵魂的力量。

（二）区别：一个重消费价值，一个重产业价值

联合体企业品牌"塑魂"与区域公用品牌"塑魂"有所不同。

（1）联合体品牌"塑魂"的重点在消费价值，以消费价值为中心，是与消费者谈恋爱，围绕目标人群的喜好、认知、习惯、行为来提炼品牌态度和价值主张，来规划整个品牌体系。

（2）区域公用品牌"塑魂"的重点在产业价值，以地域为根基，传递不可复制的产业价值。这些价值可以是人文元素，可以是地理环境，也可以是产业技术和服务。以此为核心，再与市场、消费对接，建立品牌体系。

（三）方法："三点一线"品牌找魂法

三点一线品牌找魂法，是指当品牌及产品的某一物质及精神特性能够击中目标人群的物质及精神需求，并且能够穿透竞争品牌的价值真空或弱点，那么，企业或产品的这一特性，就能成为强有力的品牌灵魂。

所谓三点一线：一点是"消费动因"，即目标人群的物质及精神需求；二点是"竞争弱点"，即竞争品牌的价值真空或弱点；三点是"自身优势"，即企业及产品的某一物质及精神特性。一线是品牌灵魂穿越三点，形成直击人性的品牌态度和价值主张的一条主线。

界定清晰的目标人群，是挖掘品牌灵魂的前提。我们采用消费心理学而不是人口统计学来界定。只有这样界定目标人群，我们的品牌和营销才能够做到投其所好，事半功倍。下面接着讲具体的"三点一线品牌找魂"的方法。

一点：击中消费动因

消费动因是一个心理学范畴，是指影响目标人群做出购买决策和购买行为的关键因素。

准确击中消费动因，首先是确定目标人群。先定位人群，通过对目标人群的调查研究、大数据分析，给目标人群画像，然后根据其认知、喜好、习惯、行为，我们就能相对准确地判定其消费动因或者动因组合。

如福来服务的湘村黑猪项目。项目组在消费调研时发现，随着消费升级，消费者对于高品质猪肉市场有迫切需求。许多消费者念念不忘小时候农村过年吃的猪肉，那叫一个香。但是，现在吃不到了。"儿时"是一种魂牵梦绕的怀念，是消费者对于猪肉香的情感记忆，是打动消费者的"软刀子"。而农家的猪肉香是直接的物质诱因，是撬动消费需求的"硬刀子"。儿时猪肉香，就是消费动因。

加州新奇士橙的消费动因是"更健康的水果、更好玩的生活方式"，佳沛新西兰奇异果的消费动因是"尝点有特色的水果、营养价值高的水果"，农夫山泉的消费动因是"天然水比纯净水更健康"，百瑞源枸杞的消费动因是"宁夏枸杞养生、要选有品质的"。

二点：穿透竞争弱点

竞争弱点，也是消费者的不满，或者叫消费痛点、消费隐忧。

现在市场上销售的商品猪肉，要么是曲高和寡的所谓有机猪肉，要么是大规模"速成"的白条猪。很多消费者抱怨"现在的猪肉都没有猪肉味儿了"，品质也不放心。

美国新奇士橙竞争对手的弱点是"缺乏品牌个性和附加价值"，佳沛新西兰奇异果竞争对手的弱点是"无品牌、不标准、价值感弱"，农夫山泉竞争对手的弱点是"纯净水不一定利于健康"，百瑞源枸杞竞争对手的弱点是"缺乏品牌信任、品质感不强、附加值低"。

三点：符合自身优势

自身优势，是指从站在区域品牌价值的基础上，将品质、技术、成本、资质、服务等优势与消费动因和竞争弱点相结合，提炼出的"价值子弹"。我们还以"湘村黑猪"为例，看看自身优势。

（1）自有猪种，30年优选，列入国家优良品种；（2）千亩猪场，自己养，更放心；（3）供港黑猪，品质有保证；（4）清水一煮就很香。

一句话表达湘村黑猪自身优势：自有品种自己养，吃出儿时农家猪肉香。

美国新奇士橙的自身优势是"美国加州的热带气候、充足的光照、果肉多汁而香甜"，佳沛新西兰奇异果的自身优势是"独特品种、高度标准化、营养价值高"，农夫山泉的自身优势是"天然水源、水源地建厂"，百瑞源的自身优势是"科技引领、产品创新、生态品质"。

一线：打通"三点"的品牌灵魂

通过以上三点的分析，找到人性化的品牌态度和价值主张，这就是品牌的灵魂。

对于"湘村黑猪"而言，通过三点一线塑魂法，品牌灵魂已然明了：儿时农家香，这是猪肉品质的极致表达，是魂牵梦绕的童年味道。

"儿时农家香"是品牌灵魂，它不仅充分传达自身优势，也击中了消费动因"儿时猪肉香"，同时也穿透了竞争弱点"没有猪肉味"、品质不放心，成为湘村黑猪品牌体系打造的价值主线。

美国新奇士橙的品牌灵魂是"阳光、健康"，佳沛新西兰奇异果的品牌灵魂是"营养、活力"，农夫山泉的品牌灵魂是"天然水"，百瑞源的品牌灵魂是"高贵"。

（四）体系：品牌塑魂五要素

品牌灵魂，是直击人性的品牌态度和价值主张。福来为客户塑造品牌灵魂，并以灵魂为核心，建立个性、品名、口令、图腾、信任状的一致性品牌体系，形成入眼入心的品牌魅力、价值认同和消费偏好。

1. 品牌名称：创意商标名称的五项原则

孔子说：名不正则言不顺，言不顺则事不成。一个好的品牌名字，就是企业资产的储蓄罐，每一次传播推广，都是在往储蓄罐里存钱，积累品牌资产。一家企业，只要其名称、商标一经登记注册，就拥有了对该名称的独家使用权。

原则一：易读易记易传播。品牌名只有易读易记，才能高效地发挥它的识别和传播功能。品牌命名时做到简洁、上口、响亮等，如吕粮山猪、鲜橙多、果之初等。

原则二：正面的品牌联想。品牌命名最好能让消费者有正面、积极、期望的价值联想，如福临门、旺旺、湘村黑猪、归真堂。

原则三：相对包容性。根据企业的战略、业务、品牌结构，考虑品牌的相对包容性，以利于企业进行品类、业务的延伸。

原则四：功能暗示性。从产品的特点、功能、形态等属性来命名，让消费者从它的名字一眼就看出它是什么产品，如五粮液、1600 葡萄酒。

原则五：可注册、可保护。一个好的注册商标是稀缺资源。能通过注册，是指能够在法律上得到保护，这是品牌命名的首要前提。

福来服务的"湘村黑猪"，是对"湖南黑猪"品种的重新命名，不仅符合品牌命名的五项原则，而且实现了品种名、品牌名、企业名三合一，实现了品种品牌化、品牌品种化，品种和品牌的产权得到最大保障，且节省品牌传播成本。

竹叶青，也是品种品牌化、品牌品种化的突出代表。

2. 品牌个性：消费偏好的"磁石"，品牌形象的"基石"

品牌个性，是一种品牌人格化表现，也是消费者对某一品牌的印象感觉。

品牌个性之所以有效，在于消费者与品牌建立关系时，往往会把品牌视作一个伙伴或一个人。品牌个性与消费者个性或期望个性越吻合，消费者就越会对该品牌产生偏好，通过品牌个性吸引特定人群。

只有品牌人格化，才能对品牌形象的塑造指明方向，才能创意出个性鲜明的 LOGO、图腾、口令、声音等品牌元素，给人留下深刻的印象。

3. 品牌口令：让消费者"心动与行动"的指令

口令创意三个要求：口语化、价值化、行动化。

口语化：品牌口令不是创意一条给消费者看的文案，而是创意让消费者主动说给别人听的一句话，因此一定要适合口语的表达方式，要通俗易懂、朗朗上口。口语化是最基本的要求，也是最高的境界。

如：百瑞源的"好枸杞，可以贵一

点"，雀巢的"味道好极了"，三全的"吃点好的，很有必要"。

价值化： 怎么能通过一句话就让消费者买我们的东西？必须在最短的时间里让消费者听懂我们想传达的顾客价值，也就是消费者购买理由。你的品牌有什么价值，能带给用户什么好处？

如：海飞丝的"头屑去无踪，秀发更出众"，吕粮山猪的"吃山粮、自然香"，仲景食品的"让健康有滋有味"，漫耕芸寿光蔬菜的"自然熟，菜味足"。

行动化： 品牌口令要具有指令性，消费者听后就想行动。

如：吃好虾，选龙霸。怕上火，喝王老吉！人头马一开，好事自然来。

4. 品牌图腾：代表品牌的"视觉形象载体"

什么是品牌图腾？图腾，是记载神的灵魂的载体，是人类早期文明的典型代表。品牌图腾，是一个品牌独有的品牌灵魂（精神）、气质和形象的载体。

品牌图腾是品牌视觉体系中最核心的要素，是品牌外在化最重要的表现，能够让人一眼记住，能够让消费者直接、鲜明地感知到品牌形象和差异。比如"万宝路西部牛仔""麦当劳叔叔""肯德基上校""米其林娃娃"等。

"品牌图腾"具有丰富的表达性，可以将产品的物质价值与精神价值清晰地表达出来，可以调动购买者的情感和情绪，对其产生深度说服。比如红牛的金罐、可口可乐的曲线瓶、洋河蓝色经典的蓝色等。

品牌图腾创意的五个角度

文化资产： 文化无国界，文化易共鸣，更具公信力。文化资产是品牌图腾重要的创意角度之一。我们服务仲景香菇酱时，将几代人耳熟能详的著名儿童歌曲《采蘑菇的小姑娘》整合为品牌图腾。一首歌、一个字、一个图形象蕴含的文化都可以成为图腾创意抓手，并且屡试不爽。我们为新疆"果之初"品牌创作的"张骞出使西域图"，就是将历史文化图腾化的典型代表。

品牌名称： 从品牌名称发端创意图腾，很直接，易记忆。如天猫的"猫"、神奇制药的"神"、男前豆腐的"男"、金龙鱼的"鱼"等。

品牌价值： 价值图腾化，直接传达消费理由，很有功效。如农夫山泉的"水滴"、史丹利劲素化肥的"蓝豹子"、南方黑芝麻的"母子图"。

行业属性： 消费者在购买产品时，先有品类再有品牌。从行业属性切入易产生关联性。福来在服务纯正新疆羊肉企业阿斯曼时，将最能够代表新疆羊肉特色和品质的多浪羊的形象符号化，一只形神兼备的小彩羊成为阿斯曼的品牌图腾，由企业独占使用。

创始人（精神领袖）： 从企业或品牌的创始人角度，去创作图腾，更容易积淀品牌资产，体现品牌个性。如沁州牌沁州黄小米的名米守护者"石耀武"，褚橙的传奇创始人"褚时健"，老干妈麻辣酱创始人"陶碧华"，都是将创始人的形象图腾化。

5. 信任状：一个"降低决策成本"的有效证明

信任状是指一个客观的、公认的事实，权威的证明，其可以增强消费者的品牌信任度，降低消费者的决策成本。

信任状的原则：越具体，越可信。

美国心理学家通过调查发现：具体清晰的信息很容易给人以信任感，从而带来行为上的改变；如果信息是含糊不清、模棱两可的，即使结论听起来合理，也容易引起人们的疑惑，导致不信任。所以在寻找信任状的时候，具体的数据更被青睐，比如具体的销量、用户的数量、传承的历史年限、具体的制作工艺等，因为这些具体的数字概念更有说服力，更能让人信服。

寻找信任状的六种方法

方法一：开创发明。比如，沃尔沃汽车的信任状是：三点式安全带、安全气囊、儿童安全座椅发明者；仲景香菇酱的信任状是：香菇酱品类开创者、营养佐餐理念的创导者。

方法二：权威背书。比如，百瑞源：金砖国家领导人国宴枸杞；湘村黑猪：供港澳黑猪肉；国联水产：全球对虾样板基地。

方法三：核心技术（工艺、成分）。比如，电脑里有"英特尔"芯片，手机的摄像头是"徕卡技术"，百瑞源首创"枸杞锁鲜"技术，鲁花 5S 物理压榨工艺，等等。

方法四：市场领先。比如，横县茉莉花：全球 10 朵茉莉花，6 朵来自广西横县；加多宝凉茶：中国每卖 10 罐凉茶有 7 罐是加多宝。

好一朵横县茉莉花
全球10朵茉莉花，6朵来自广西横县

方法五：国际认可。比如，寿光蔬菜：出口全球 25 个国家；三元牛奶：欧盟的品质，首都的标准；某品牌：沃尔玛全球优质供应商。

方法六：历史悠久。比如，北京同仁堂：创建于 1669 年；兰格格：始于 1886，与可口可乐同年；国酒茅台：诞生于 1704 年。

一个伟大品牌的背后是产品。品牌是基于产品的顾客价值体验与升华，品牌塑魂的出发点一定是从产品开始的。

第四节
1托1、1托N：联合体企业的产品逻辑

产品是战略工具，产品线是战略部队，每个产品都承担着战略使命和任务。选择合理的明星产品，是实现品牌快速发展的基础。

（一）产品策略：1托1、1托N，明星带动，组合制胜

金龙鱼，是世界粮油巨头益海嘉里旗下粮油品牌，"米面油"战略非常清晰。但就是这样一个国际巨头，在中国开拓市场也不是"米面油"产品全线铺开，而是从最初的食用油单品，一步一步逐渐发展成为拥有米面油系列产品的大家庭。可见，成功的产品策略，聚焦和节奏非常重要。

多子未必多福，打造明星产品是关键

在产品上，多子多福的思想大有人在，产品动不动几百个种类，但却没有一个挑大梁的。

每当我走进企业的展厅、仓库，产品种类多得目不暇接：少则几十，多则几百，甚至跨行业产品都有。看似琳琅满目，实则没有战略产品，销售最好的产品一年下来只有几十万、上百万，根本谈不上打市场、做品牌。

成功的企业，如伊利、蒙牛、农夫山泉，可能产品也多，但他们不是一上

来就推出一堆产品，而是有先有后、有主有次地设计了产品推广路径，并且遵循了"1 托 1、1 托 N"的规律，打造自己的明星产品。

1 托 1、1 托 N，农业食品的产品路径

1 托 1：指集中资源、聚焦发力，首先打造出 1 个在全国有影响力的明星产品（品类），通过这个 "1"，将母品牌（企业品牌）的"1"塑造起来。

1 托 N：当企业品牌（母品牌）因其明星产品有了一定的知名度和影响力之后，这时企业就成为可信赖的品牌，通过企业这个母品牌的"1"托起"N"个产品线的快速拓展。

亨氏公司是在 1869 年由 H. J. Heinz 在美国创立的，经过一百多年卓有成效的发展，由一个小农场成为世界最大的营养食品生产商之一。作为普通消费者，亨氏的产品只有两个：婴儿米粉、番茄酱。其实，这就是亨氏之所以如此成功的"1"，因为有了"1"，才有了"N"的成功。亨氏的产品有 5700 多种，除了人们熟知的婴幼儿食品，如婴儿米粉、面条、佐餐泥、果汁、果汁泥零、婴幼儿配方奶粉，还有番茄酱、调味品、沙司和冷冻食品等。

对农企来说，最现实的发展路径就是"单品开路"，先集中资源打造明星产品，向消费者传达品牌的核心价值、品牌形象，建立企业母品牌，进而带动其他产品的成功。从优生优育到多子多福，最终家大业大、子贵母荣，这是产品品牌与企业品牌的成长规律。

明星带动，组合制胜，商业巨头的产品逻辑

通过 1 个明星产品，成功打造 1 个品牌，再借助这 1 个成功品牌，有步骤

有重点地推出第 2 个、第 3 个……第 N 个明星产品；围绕这些明星产品，丰富规格和口味，做好产品战术组合。这是商业巨头的产品逻辑。

全球最大的食品企业雀巢，以生产婴儿食品起家，先以战略爆品雀巢速溶咖啡闻名世界，打响了母品牌"雀巢"之后，以资本和品牌双轮驱动，扩展到饮品、奶制品、保健营养、烹饪食品、糖果、冰激凌、瓶装水等十多个领域，而且在每个领域基本都处于领先地位。

宝洁为什么可以做得那么大？因为它有许多 10 亿美元销售额的强大的产品品牌，但首先是产品品牌的强大。宝洁把精力放在这些 10 亿美元的大品牌上，公司才持续地强大。

做减法，立主干，打造明星产品

产品越多越好显然是个巨大的错误。据统计，世界 500 强企业中，单项产品销售额占总销售额 95％以上的 140 家，占 500 强总数的 28％；主导产品销售额占总销售额 70％～95％的 194 家，占 38.8％；相关产品销售额占总销售70％的 146 家，占 29.2％；无关联多元化的企业则是凤毛麟角。

对产品线过长、SKU 过多的企业，我们认为产品规划应该"做减法，立主干"。先集中资源，打造明星产品；当品牌借助明星产品积累了知名度、市场势能，产品梯队再跟进。

俗话说的好，儿多不养家。企业的产品战略也是如此。对企业来说，需要的是聚焦聚焦再聚焦，最终形成代表品牌、收获利润的明星大单品。无论是伊利安慕希、蒙牛特仑苏，还是农夫山泉矿泉水，都是超过 100 亿的战略大单品。

（二）明星产品选择的"五星标准"

明星产品，是指在未来 3 ～ 5 年内，能为企业贡献绝大部分利润和较大部分销售额的核心产品。这些产品不但是企业的生存支柱和发展基础，而且代表着企业的品牌形象、肩负着企业的发展战略，深刻影响着行业发展。

什么样的产品能担此大任呢？福来经过多年咨询实践和行业学习，总结出企业选择明星产品的五星模型，即五星标准。

明星产品"五星标准"

（1）战略一致性

符合企业战略方向，体现企业核心优势。产品是企业实现战略目标的工具。新产品推出，除了为企业谋求新的利润增长点，一定要为提升品牌、巩固和加强企业战略优势服务。

只有为企业战略服务的新产品，才能为企业战略优势加分，成功的概率才更大。

南方黑芝麻股份"黑芝麻、黑营养"的战略之根，明星产品一定是"黑芝麻健康食品、饮品"的方向，而不是市场容量更大的牛奶、功能饮料等。这就叫"知止"，是战略边界，要知道不做什么。

（2）市场消费力

符合消费趋势，吻合消费习惯。这样抓到的需求是大需求，抓到的市场是大市场，不要担心现有市场有多大。

大品类才能成就大产品、大品牌。明星产品一定是成熟的大品类，有广泛的群众基础，不用大投入去教育市场，而是用独特价值去收割市场。

德青源是生态鸡蛋的代表，鲁花花生油是关爱心脑健康的"5S物理压榨"的健康油，九龙斋酸梅汤、康师傅冰糖雪梨汁都是有着深厚的民俗习惯和消费基础。大品类成就大品牌。

（3）品类统治力

不怕市场混乱，就怕市场成熟。有品类无品牌，市场混乱，群龙无首，这是坏事，也是好事。因为这样的市场有现成的消费认知、消费习惯和市场基础，只是缺乏领导品牌。当然，前提是产品力要过硬，一对比，品质明显能拉开差距。

我国有无数的品类没有全国性领导品牌，如山西老陈醋、米醋、剁椒酱、火锅底料、牛肉、羊肉、鸡肉、粉条、面粉、众多果蔬等，都是新产品的主攻方向。

（4）差异竞争力

差异化突出，产品力过硬。新产品开发应该"人无我有、人有我优"。产品没有特点或体现不出特色，结果必然同质化。大家差不多，只能拼价格，容易形成恶性竞争。

在大家都在做纯净水时，农夫山泉高调宣布放弃纯净水，只做"天然水"，并打出了"我们只做大自然的搬运工"的诉求，非常打动人心。

（5）落地可行性

有资源，有技术，有能力。既然是企业明星产品，那么就要考量产品原料是否稳定，技术、品控、生产是否成熟，仓储物流有无特殊要求，渠道、终端、团队、推广资源是否协同，等等。

明星产品通常会有所创新，除对标上述五个标准外，还要考量企业的运营能力，是否与产品的原料、生产、品控、包装、营销等能力相匹配。如果存在较大硬伤，则不可勉强。

（三）明星产品策划"四部曲"

福来认为，选好明星产品是万里长征的一小步，塑造"星"品才是改变命运的一大步。一个新品要想具有"星"范儿，除了要做好生产和质量把控外，还必须经过四步历炼方能"修得金身"。

第一步：品类和品牌价值要抢位

明星产品是排头兵，其后续跟随着第二、第三系列梯队，因此对明星产品的价值挖掘，不能就产品论产品，仅停留在产品卖点层面，而应该将明星产品放到品类和品牌的高度，进行价值挖掘和占位。

通过明星产品的打造，留足更大空间，搭建高速跑道，以便让更多的后续产品进行资源共享，快速导入。

仲景食品以"让健康有滋有味"为企业使命，注重产品创新和技术创新，在全国率先推出香菇酱，开创香菇酱品类，抢占"营养佐餐"价值。这是基于品类和品牌价值考虑的，具有长远的战略价值。

在香菇酱被市场成功接受后，又推出系列香菇健康食品，如橄榄油香菇酱、香菇小酱、香菇鲜、六菌汤等。

新产品"六菌汤"，刚刚通过中国食品科学技术学会的项目鉴定。它独特、好吃的"核心武器"——菇精调味料，让六菌汤的鲜味更加自然醇厚、层次丰富。中国工程院院士、北京工商大学校长孙宝国品尝后，对六菌汤赞赏有加。

第二步：产品价值谋划要到位

核心价值抢占，完成了新产品立基的第一步，接下来就要系统地对明星产品进行全方位包装和谋划。其中，最关键的就是产品名字、价值提炼、产品诉求和背书，这是新产品价值构建的四根支柱。

好名字，一"名"惊人

与女朋友见面的第一印象有多重要，产品（品牌）名称就有多重要。一个好的产品名字，能节省 50% 的推广费用。

产品（品牌）名称绝不仅是一个记号，它携带着丰富的营销信息。创意好的品牌名称有五条原则：易读易记易传播、正面的品牌联想、相对包容性、功能暗示性和可注册、可保护。详细内容见品牌塑魂中的"品牌命名"。

比如雀巢的"美极"鲜味汁、娃哈哈的"营养快线"、伊利的"金典"牛奶、佳沃的"金艳果"猕猴桃、海尔的"防电墙"热水器、心连心腐植酸肥的黑力旺等。

好价值，一针见血

产品价值提炼，好比把铁棒的一端磨成针尖，使其变得锐利，从而更具杀伤力。一个好的价值提炼，必须考虑并满足以下几个条件：第一，是不是产品最独特的地方；第二，能否建立壁垒，竞争对手不容易跟进；第三，是否简单、直接、给力。

比如阿克苏冰糖心苹果的"冰糖甜"、海尔防电墙热水器的"防电墙安全专利"、仲景香菇酱的"营养佐餐"。

好诉求，一句成诵

好的产品诉求是物质层面和精神层面的和谐统一。物质层面要体现产品核心价值，精神层面要将价值进行艺术化升级。好广告诉求一语双关，联想无限。

比如南方黑芝麻糊的"一股浓香，一缕温暖"，湘村黑猪的"湘村的猪，儿时的味儿"，仲景香菇酱的"真香真营养"，褚橙的"人生总有起落，精神终可传承"，佳沃蓝莓的"用眼过多，吃佳沃蓝莓"。

好背书，一唱百和

产品背书是产品及品牌价值支撑的精缩版。产品支撑不局限于品牌故事，也可以是品牌人物、特殊原料、特殊工艺、特殊生态等。

比如，湘村黑猪独特的"青草拌粗粮、长足 300 天"，兰格格酸奶的"草原鲜奶、草原发酵、草原急送"，盱小龙盱眙龙虾的"官方打造、基地直供、国家级生态县"。

一个名字、一个价值、一句诉求、一段背书构成了产品和品牌价值体系的基本轮廓。

第三步：产品包装设计要出位

经过福来的深度研究，热卖的包装设计都符合"一核心、三要点"的规律。一核心：一个强大的"品牌图腾"；三要点：醒目、动心、重复购买。

为什么脑白金的包装是蓝盒子？因为终端货架的竞品都是红盒子，在第一时间就能被购买者看到，所以，把"品牌图腾"运用到包装上才是产品营销的第一步。

拥有品牌图腾的包装，解决了产品包装出位的三个要点。

第一是解决"醒目"的问题

或许是最难的一步，90％的包装没能做到这第一步。购买者在来到货架之前，大多已经有了购买哪类商品的意向。这时候包装的作用就是在品类中跳出来，让购买者第一时间发现，先混个眼熟至关重要。

福来创作的史丹利劲素化肥，为了体现化肥强劲快速的功效，我们创意了豹子的图腾，集爆发力与速度为一体。用这样形象来做劲素的品牌图腾再合适不过了。用化肥颗粒组成的豹子头印在包装上，既展示了产品卖点，又体现出颗粒状的化肥属性，在三四线市场农资店里成为一道靓丽的风景线——豹子让劲素飞起来！

第二是解决"动心"的问题

购买者拿起包装之后，如何能够做到怦然心动至关重要。品牌是陌生的，图腾是熟悉的，一个有效的图腾可以瞬间拉近品牌与消费者之间的距离。

作为全新品类，仲景香菇酱把"采蘑菇的小姑娘"作为独特的品牌图腾。背竹篓、扎马尾辫、捧香菇酱的小姑娘俨然成为一个香菇专家，暗示消费者她采的香菇最香，她推荐的香菇酱最正宗。以小姑娘作为焦点的包装，伴随熟悉的旋律，一下征服了消费者的心。

第三是提高"重复购买率"的问题

这是个读图的时代，图形远远要比文字更容易记忆。从生理学讲，包装信息通过视觉系统传递到大脑的海马体暂存，再由海马体传送到大脑皮层进行长

期储存；当购买者再次想购买此类产品时，大脑皮层就会调出存储的包装信息，而品牌图腾起到的就是心灵反应的作用。

包装上拥有了品牌图腾也会提高口口相传的效果。别人叫你代买一瓶仲景香菇酱，仲景的名字可能很快就忘了，但如果强调一句包装上有个背着竹篓的小姑娘，你就会在终端直奔主题。如果没有了这个记忆点，很可能你就会买了其他替代品。

包装不仅仅是包装，必须从"图腾学"的高度制定设计策略，把品牌图腾运用到包装上，包装被赋予了灵魂，就在购买者和商品之间架起一座沟通的桥梁。

第四步：好产品要卖出好价钱

科特勒说，营销不是卖产品，是卖价格。

卖产品思维的人，喜欢动用价格手段，比如降价、打折，简单有效，但往往负作用也最明显。对价格敏感的人，会反复追逐价格。换句话说，价格带不来客户忠诚。

所谓卖价格，就是要产生溢价，卖得比别人贵，还要让消费者领情，愿意付款。

定价是策略，高价是战略。

低价先易后难，高价先难后易。低价吸引客户容易，但稳定客户难；高价吸引客户难，但稳定客户容易。

既然是企业的明星产品，表达企业的战略意图，经过品牌和产品的系统策划与打磨，自然是要卖高价。那要如何去定这个高价呢？

三种价值导向定价方法。

贵一到三倍定价法。人无我有，独特价值。当你的产品在品种、品质、特色、工艺、外观上，别人都无法复制，通过对比、体验、证明等方式，让消费者感觉完胜对手，这时候你可以采用"贵一到三倍定价法"。比如：定义智能手机的 iPhone 比其他品牌手机贵三倍以上，红心火龙果刚引入国内时比白心的贵两倍左右，德清源生态安全鸡蛋比普通鸡蛋贵一倍左右。

价格带高位定价法。人有我优，优质优价。在某一高价值品类中，竞争对手多而不强，鱼龙混杂，而你的产品更正宗、品质更有保障，这时你可以采用"价格带高位定价法"。比如：我们为某品牌的五常大米定价，分绿色和有机，有三个主流价格带，6 ～ 10 元、11 ～ 15 元、16 元～ 20 元，更高的、更低的都排除，绿色的定价 14.8 元 / 斤，有机的定价 19.8 元 / 斤。一定要注意，切忌过高定价，曲高和寡。

对标贵一点定价法。放大差异，对标溢价。某一品类，市场中有主流品牌，而你的产品在品质上有优势，那么就可以对标主流品牌价位，比他贵上 20% 左右（根据品类价格敏感度掌握），贵得可以接受，但一定要营销好自身的差异。比如：百瑞源枸杞对标其他品牌贵 20% ～ 30%，品牌口令也是"好枸杞，可以贵一点"；吕粮山猪定价对标"双汇猪肉"当地价，采取"贵 5 块策略"。贵在什么地方呢，吃山粮，自然香。

第五节
传播推广：联合体企业品牌的价值传递

前面讲了战略寻根、品牌塑魂和产品策略，联合体企业品牌的策划基本上完成前期的工作，但最重要的是，怎么让联合体企业品牌"火"起来，找到并打造属于自己的主战场，让更多的人知道、买到，提升品牌好感度，提高品牌知名度和影响力。

这是本章讲述的重点——联合体企业的品牌推广怎么做。首先看看如何找到和打造属于自己的场景，即渠道和终端的选择与规划。

（一）渠道策略：找到并打造属于你的主战场

找到属于自己的消费场景和渠道主战场，选对地方就算成功了一半。在我看来，渠道选择不仅是战术选择，更是战略判断，选择渠道就是在选择战场，不同的战场、场景，面对着不同的消费者和对手。

在渠道选择上，福来主张"一主两电"策略。"一主"指的是主战场、主渠道，找到你的渠道立基点；"两电"指的是重视两类电商平台，即官方电商平台和合作电商平台。

聚焦主战场，做活主渠道

产品上市及品牌推广之前，渠道选择至关重要，要量力而行，不要盲目跟风，贸然跟随。

企业在选择渠道时，一定要结合实际情况，选择最为适配的主销渠道。一旦主销渠道确定后，就要集中人力、物力、财力，聚焦发力。任正非曾经谈道："瞄准战略重地，集中力量炸开城墙口"，简单来说就是"力出一孔"。集中资源，聚焦主销渠道，一举突破，将主销渠道做活、做火！

当然，不同的企业、不同的产品所匹配的渠道也不尽相同，像好想你、百瑞源的主渠道是专卖店，小罐茶的主渠道在商业综合体的体验店，瑞幸咖啡的主渠道在外卖，王老吉、老干妈的主渠道在餐饮，小汤山的主渠道在商超，三只松鼠的主渠道在电商……

重视"两电商"，组建电商平台矩阵

我在市场路径时提到，互联网时代要重视线上市场，即电商渠道的搭建。我们要高度重视两种类型的电商平台：官方平台和合作平台。

其中，官方平台包括官网、官微、微商城等，合作平台包括平台电商（天猫、京东、一亩田、网库等）、垂直电商（京东农场、央广商城、易果生鲜、每日优鲜等）、新零售（盒马鲜生、超级物种、7FRESH等）、社交电商（拼多多、每日一淘）。

前面提到过的案例湘村黑猪，以新零售网红盒马鲜生为突破口和主战场，线上销量明显上升，仅盒马鲜生一个渠道，单店每个月的销售额过百万。小汤山蔬菜也是一样，线下以商超专柜为主销渠道，同时，在京东开设品牌旗舰店，参与平台活动，效果颇为显著。

"主销渠道＋电商平台"是企业需要重视的渠道组合，有时候还会有配合渠道，比如说消化产能的大客户渠道，做品牌、做形象的商超渠道，做服务、做模式的会员渠道，等等。

（二）传播策略：一个中心、两个基本点

品牌传播推广，其实就是一个品牌由不为人知到无人不知的过程。在此过程中，要不断发出品牌声音，建立品牌声浪，塑造品牌力，不断给消费者灌输品牌价值，提升品牌忠诚度。

福来方法里，联合体企业品牌传播推广的策略就是"一个中心、两个基本点"。一个中心：要以品牌灵魂为主线进行传播。两个基本点：一是巧借力，借区域公用品牌推广之力；二是爆张力，引爆企业品牌的影响力与关注力。

一个中心：围绕品牌灵魂，力出一孔，一以贯之

传播的关键在简单和重复。

简单的事情重复做，这件事情本身就不简单。在传播推广上，我们要以"品牌灵魂"为中心，思想上贯通，行为上贯彻，传播上一以贯之，力出一孔。

我们都知道一滴水的力量有限，但是只要有足够的时间积累，依旧可以水滴石穿。传播推广也是如此，只有不断地在一个点上积累，不断在消费心智中楔钉子，才会最终让消费者记住你是谁、你能提供什么价值。

"阳光、健康、快乐"是百年品牌美国新奇士脐橙的品牌灵魂。无论广告还是公关活动，新奇士始终围绕"健康、阳光"这一核心展开，比如赞助美国职业排球协会"沙滩排球比赛"、组织年轻人进行"海岸逃生"娱乐性比赛、发起"乘坐光速"新奇士手推车和单脚滑轮车运动等。这些推广活动有助于发展品牌的关于阳光、沙滩、娱乐、健康和活力的联想。

反观恒大冰泉，恒大的许老板也是财大气粗，2014年曾扬言要把恒大冰泉搞成上市公司。但是，当恒大冰泉不到一年代言人换了四拨，里皮、成龙、范冰冰、金秀贤和全智贤，究竟要把产品卖给谁？到底在卖什么？其实还没有搞清楚。恒大冰泉将产品定位在高档矿泉水上，可这个高档产品却并没有做出

应有的品牌价值和战略配称。这就是品牌价值空心化，产品没有灵魂，行尸走肉一般。最终的结局是两年亏 39 亿的恒大冰泉被卖了。

两个基本点：巧借力，爆张力

联合体企业品牌的传播推广，要充分利用企业作为产业龙头的优势，借势区域公用品牌的推广资源和推广舞台，以公用品牌的首席市场代表的身份抛头露面，制造关注。此外，作为市场化运营企业，联合体企业还要打造自己的一套传播方式，逐渐积累品牌资产，引爆品牌张力。

下面，我就重点讲讲如何去巧借力、如何爆张力。

（三）巧借力：整合资源，借船出海

联合体企业品牌要将区域品牌的传播资源最大限度地为我所用。传播推广上采取跟随策略，"借船出海"，跟着区域品牌的传播资源，如区域发布会、广告投放、传播资源等，做到有区域品牌传播的地方就有联合体企业品牌，借此提升联合体企业品牌的知名度和影响力。

一借公关活动资源

像区域公用品牌的新闻发布会、城市推介会、品牌发布会等系列公关活动，联合体企业都要积极作为承办单位或者企业经营主体代表参与。这样做有两大好处。

一是借台唱戏，进行企业品牌的传播与推广；二是公用品牌"种树"，企业品牌"乘凉"，承接市场转化，该签约签约，该供货供货，当仁不让。

近年来，"吉林大米"区域品牌全国推广高歌猛进。2016 年，"吉林大米中华行"走进全国 15 个城市，举办 30 多场推介活动。松粮集团作业联合体

主体企业，跟随政府区域品牌全国推广规划，走南闯北，鼎力支撑，成为"吉林大米"区域品牌全国推广的最大受益者。

2018年"湖南茶油"区域品牌，在省政府的集中组织下，在香港食博会上进行了重点推介。大三湘茶油作为湖南茶油区域品牌的代表，积极参与，受到世界各地客人的青睐与关注。

更大的借力，也是推动、践行国家"一带一路"倡议。

福来客户——西北粮油骨干企业爱菊集团与哈萨克斯坦马斯洛德粮油公司达成合作，利用哈方优质的产地资源和"长安号"的便利条件，对内引进粮油原料，对外输出特色产品，成为"一带一路"倡议的先行者。

2014年3月23日，在习近平主席和荷兰国王威廉·亚力山大的共同见证下，寿光蔬菜产业控股集团与荷兰西荷兰外国投资局签署了合作协议，为中荷蔬菜种业研发、食品安全生产、现代农业人才培训等方面的合作揭开了新篇章。世界最先进的蔬菜育种科技和世界最大的消费市场，就这样紧密地结合在了一起，强强合作，创造更大的市场、惠及更多的人。

想在世界赢，首先要在中国赢。在中国市场赢，就赢得了通往全球的第一张入场券。在"一带一路"倡议的助推和带动下，在中国市场做大的地方特产和美食品牌，一定会率先代表中国走向世界，成为第一批来自中国的世界级大品牌。

二 借媒体传播资源

区域公用品牌拥有强大的媒体传播资源，如党媒、央媒、电视台等。联合体企业品牌要学会蹭势借势，在传播区域品牌的同时，巧妙嫁接联合体企业品牌。

一些机场、高铁、景区、高速路的社会媒体资源，政府不仅有特惠，而且有优先使用权。这些媒体资源，企业可以深入对接，形成企业自己的"媒体亲友团"。

同时，也可以与区域公用品牌进行联合传播，起到"1+1＞2"的强化作用，让企业品牌与区域品牌进行紧密关联。

三借渠道推广资源

区域公用品牌背靠政府，有政策、媒体、关系、渠道上的诸多优质资源。联合体企业主体要善于借助政府的这些资源，尤其是渠道上的资源。

寿光农发集团充分利用"寿光蔬菜"区域品牌及寿光政府在北京新发地和锦绣大地的渠道资源，在新发地和锦绣大地开设企业的品牌体验店。要知道，这两个大型批发市场加起来，每年的人车流量 2000 万人次，将带来巨大的广告宣传效应。

2019 年 3 月，高雄市市长韩国瑜在深圳海吉星农产品物流园出席签约仪式，并拿到两个宝贵的摊位。这次合作为"高雄农产品"又开发了一个重要的战略渠道，"高雄农产品"产业的主体企业，借此次合作的渠道资源一定会大获收益。

（四）爆张力：六位一体，引爆张力

福来从十多年的咨询服务经验总结出传播推广的六大方法：上天入地、激光穿透、新闻营销、IP 营销、社群营销、场景营销。

1. 上天入地：战略上天，以一当十；战术入地，以十当一

新品的上市、品牌的创建，必须有赖于传播。福来在品牌传播上追求"上天入地"，既要有战略高度，又要追求务实，抢市场与抢心智并重。这是福来的品牌传播观。

上天

指做事的同时还要做势，与政府共舞，与行业共荣，与区域互动，做大公关、大新闻。比如，打造行业公共平台，抢占行业高端资源，抢占行业制高点和话语权，抢先做老大；以行业甚至产业的高度做事发声，做大品类，引领行业发展，承担社会责任！

联合体企业品牌在传播推广之初，需要高调亮相、高点起跳。可以发起一场有高度、有深度、有力度的行业公关活动，提升行业地位，树立品牌公信力，提升品牌商业影响力。

作为中国乳业龙头的蒙牛，便发起过"每天一斤奶，强壮中国人"大型公益活动，收获了良好的社会反响和品牌资产。此外，蒙牛的"母亲水窖"活动、"蒙牛爱心井"民生工程，乃至"生态行动，助力中国"等大型绿色公益活动也都在社会上影响深远。

八马茶业开启了国际之路，赛珍珠铁观音全球品鉴会从泉州启程，历经16个国家36个城市；2018年升级为东湖之光全球巡回品鉴会，开启了"为您喝好、为中国喝好、为世界喝好"的国茶世界之路，截至年底已历经20个国家52个城市。在一些重要的国际性场合，八马茶也见证着大国外交：上海世博会上，八马茶被当作茶礼送给各国政要；金砖国家领导人厦门会晤会场，八

马茶被选作官方用茶；中印领导人东湖会晤的茶叙中，八马提供的茶艺服务受到莫迪点赞。

　　福来服务的兰格格乳业，以"草原酸奶"为战略，2018 年召开"首届中国草原酸奶大会"，建立"内蒙古草原酸奶工程技术中心"，申报"草原酸奶之都"，并在机场、高铁等媒体制高点投放品牌形象广告，引发了行业和消费的高度关注。

　　联想的佳沃集团，与青岛市政府合作，从 2013 年开始，创办中国国际蓝莓大会暨青岛国际蓝莓节，一年一届，成为蓝莓行业的国际盛会。青岛现在已经后来居上，成为新的"蓝莓之都"。

入地

　　品牌大计一经确立，在战略传播上天的同时，战术传播一定要追求落地。传播落地，渠道与终端落地，销售也落地。不落地不务实，不落地不生根，无法给企业带来实在的业绩。

　　入地是广泛建立与消费者的接触点，让消费者亲身体验到产品，这才是到家的"入地"手段。试吃体验、终端促销、进社区、搞讲座、搞团购……都是落地实效的营销传播手段。

　　德青源是中国第一鸡蛋品牌，上市初期到社区做推广，小区居民只要填写一份问卷就可以免费获得两枚鸡蛋。很快，有不少的小区居民反馈说他们的鸡蛋的确很好吃，蛋黄颜色比一般的鸡蛋深黄，问哪里有卖的。德青源快速进驻三百多个社区，免费派发近百万枚鸡蛋；同时，他们还在社区举办各种讲座，宣传绿色生态概念。德青源的第一批铁杆顾客就是这样培养起来的。

佳沛奇异果的"入地工程"也值得借鉴。比如通过"带着水果上学去"的公益营销活动，佳沛向目标消费人群介绍水果营养的知识，唤起了妈妈们对孩子营养方面的关注。以试吃活动为例，佳沛区别于常规的在传统节假日于超市

摆摊、请顾客试吃的做法，反而利用写字楼里白领的午休空档，开着一辆涂满绿色油彩的宣传车，满载着一车的绿衣试吃人员，穿梭于办公大楼林立处，以工作时间更需要补充维生素作为诉求，攻克了不少上班族的市场。

2. 激光穿透：聚焦聚焦再聚焦

为什么叫作激光穿透？因为激光把所有能量聚焦在一个点上，穿透力极强。我们要围绕一个点、一件事、一个媒体，聚焦发力，切忌资源分散，平均用力。

简单的事情重复做，重复的事情认真做。聚焦一点，激光式打透，做到，做好，做深入。我们常用的方法有单一工具规模化、标准活动复制化和聚焦媒体饱和化、战略化。

安慕希聚焦《奔跑吧，兄弟》战略性捆绑推广，让"喝安慕希看《奔跑吧》"成为一种标准套餐，浓郁美味与惊喜深入人心，势不可挡，2018 年销售突破 170 亿，成为伊利乃至中国乳业第一大单品。事实上，安慕希 2014 年刚推出的两年不温不火，直到与《奔跑吧》联谊，才呈现爆发式增长，一发不可收，五年时间，从 7 个亿增长到 170 亿。《奔跑吧》也成了综艺界的标杆，双方相互成就。这就是激光穿透的力量。

仲景香菇酱，把一个"免费品尝"的地推活动，作为市场推广的战略手段，标准化、规模化、持续化，以较低成本投入，撬动一个又一个城市市场，几年时间，累计销售超过 20 亿，成为佐餐酱市场的新标杆。

最近比较火的即食燕窝品牌"燕之屋·碗燕"，在尝试报纸广告、电视广告收效甚微的情况下，敏锐地抓住了电台广告这一新机遇，压倒性、战略性投入，迅速打响全国。

3. 新闻营销：公关是第一影响力，新闻是第一传播力

四两拨千斤，这是传播追求的至高境界

传播的方法有很多，最简单粗暴的方式就是打广告。但在互联网时代，媒体去中心化，自媒体兴起，注意力高度分散，广告效用大减，还有没有简单粗暴又有效的方法呢？可能有，那就是"公关"和"事件"，但背后一定要有"新闻"的强支撑。

二分活动、八分传播，新闻营销显威力

公关和事件只有与新闻有机结合，才能使公关、事件的影响力和传播力最大化，正所谓二分活动、八分传播，要做大公关、大新闻。对公关和事件，有条件要做，没用条件创造条件也要做！

农夫山泉可以说是"公关新闻"营销的高手。2000 年其策划的"纯净水"与"天然水"之争，可谓行业经典案例。

2000 年，面对娃哈哈、乐百氏的竞争，农夫山泉自知在纯净水品类中很难获取领先地位。

2000 年 4 月 24 日，经过精心策划，农夫山泉在其新生产基地淳安水厂的新闻记者招待会上宣称，经科学实验证明，纯净水对人的健康无益，为对消费者健康负责，养生堂公司总裁钟睒睒在发布会上宣布：农夫山泉不再生产纯净水，全部生产天然水。

此事一出，像一颗核弹，让中国传媒界炸开了锅，引起了行业内的轩然大波，紧跟着的有关专家、企业、消费者的新闻报道三月未断，对纯净水企业来

说无异于奇袭。

金龙鱼策划的两大事件也十分经典。一是与中国烹饪协会协办的"美食江湖英雄会，八大菜系助申遗"活动，增强了金龙鱼大品牌的背书，形成品牌影响力；二是通过明星及各界大咖为"金龙鱼助力中国美食走进联合国"喝彩，引发大众关注，形成品牌话题影响力，进而转化为销售推动力。

4. IP 营销：自造 + 联合，借助 IP 火起来

IP 是时下比较火的网络热词，是用户的情感载体。借势 IP 的影响，可以快速提升品牌的曝光度，引起消费关注，迅速提升品牌的知名度和影响力。

IP 营销，是新闻营销的极致化方法

现在是一个流量成本、注意力成本日益高企的时代，公关与事件通过新闻传播、新媒体、自媒体互动，可以呈几何倍扩大，达到较好的传播效果，但这些效应会随着时间逐渐淡化。

而 IP 营销则可以将这种传播效应承接在某一个体的 IP 实物形象上，可视、可感、有温度，最大化积累传播效应。有 IP 载体的每一次公关与事件的新闻传播，都是在为品牌资产做加法。

IP 分两种情况，一种是自造 IP，另一种是联合 IP。

自造 IP 也分两种，一种是围绕品牌塑造的 IP 形象。我们说的 IP，主要是代表品牌形象，以品牌代言人的身份与消费者沟通。

麦当劳叔叔 IP，是麦当劳企业的形象代言人，也是"麦当劳首席快乐官"，是友谊、风趣、祥和的象征。他在美国 4～9 岁儿童心中是仅次于圣诞老人的第二个最熟悉的人物。他象征着麦当劳永远是大家的朋友。这个 IP 让麦当劳品牌在孩子心目中可感、可视、有温度。

三只松鼠的 IP 自造也比较成功。三只松鼠形态各异，一会扮演歌星，一会低头卖萌。但正是卖萌 IP 的体验，才让三只松鼠在大家心中留下了深刻的印象，我们也可以称为"差异化"定位，让松鼠的形象在互联网被大家加速认知，印象一次次加深，创造一次次营销奇迹。

自造 IP 另一种是事件性、文化性 IP 的打造。

东阿阿胶公司在每年冬至举办"中国阿胶冬至滋补文化节"，开展阿胶养生滋补论坛，迄今为止，已成功举办了 12 届。每年 12 月 22 日开幕当天，在东阿广场举行"九朝贡胶"开封大典。当晚子夜，国家级非物质文化遗产东阿阿胶制作技艺代表性传承人用木桶从古阿井中取水，并启动点火仪式，标志着古方炼制阿胶正式启动。公司把滋补节延伸到每一个销售终端，与消费者亲密互动。这是企业打造的中国阿胶滋补文化的大 IP。

自造 IP 有以下三种形式：一种是像熊本熊、麦当劳叔叔、仲景小姑娘，将品牌图腾拟人化；一种是像漫耕芸快乐蔬果节、西贝亲嘴打折节，创建品牌

专属节日，逐步形成终端影响；最后一种是像兰格格蓝瓶子、加多宝红罐、金罐，产品包装本身就是形象 IP，包装一出立马联想到产品。

联合 IP：蹭热度，借流量。所谓联合 IP，首先这个 IP 一定是热门的，拥有高人气、高关注度、高流量的。我们通过捆绑热门大 IP，借势其热度及流量，快速引起行业、消费者关注。

农夫山泉是 IP 联合搞事情的高手，不仅联合出行工具加码场景营销，还跨界游戏、音乐、艺术、文化 IP，推出定制款瓶装水。现在，农夫山泉再次跨界，联合故宫文化服务中心推出了农夫山泉"故宫瓶"；文案古韵与现代趣味完美融合，既是人物特写，也与"宫廷前世，瓶水相逢"的主题吻合。饮品界的明星和文创界的扛把子，两大流量品牌聚到一起，让传媒、消费、社会上的意见领袖产生一系列化学反应，纷纷为其点赞、转发，叫好连连。

《奔跑吧》《十二道锋味》《舌尖上的中国》、G20 峰会、APEC 峰会、"一带一路"国际高峰论坛等是高人气、高关注度、高流量的综艺 IP、文化 IP、国际盛会 IP 的代表。

5. 社群营销：得社群者得天下

商业的终极模式是什么，我理解的是社群商业，尤其是农产品，做电商找死，不做电商等死。我的观念是，做社群商业就是以共同爱好和价值观为纽带建立的社群，不管你在哪，不管见没见过面。未来，所有活着的企业都将是互联网企业。所有活着的企业都是媒体。所有活着的企业都是社群"群主"。

什么是社群营销？看看现在火爆的社交电商平台，如拼多多、每日一淘、有好东西，包括刚刚在美国纳斯达克上市的云集，在阿里系、京东系电商平台称雄天下的时候，依然阻挡不了它们的崛起。为什么？因为以社交为流量带动的模式，通过口碑、体验分享、相互推荐、人际关系裂变的方式，组建了一个可以持续壮大的社群，从而大大降低了获客成本，而这就是社群营销不可阻挡的魔力。

通过社交或社群思维，线上线下吸纳、裂变、带动会员，构建自己的品牌社群，然后培育并壮大会员群体，再根据消费需求，更直接、更快速地改进或迭代产品，进而反拉产销一体化，这才是农产品、农

业食品企业应该思考的终极营销模式。这也是医院妈妈群、母乳指导妈妈群、睡眠妈妈群等各种妈妈群商业价值与日俱增的根本原因。

社群营销，有效降低"获客成本"

传统营销高举高打，广泛覆盖，渠道致胜，实行无差异营销。但互联网时代强调个性化，小而美的产品对很多中小企业，尤其是农企来说，绝对是好事，因为特色农产品可以通过电商平台脱颖而出。

移动互联网时代，农产品如何快速、低成本地打开市场？我的观念是做社群商业。社群商业就是以共同爱好和价值观为纽带，通过某种载体聚集人气，通过产品或服务满足这个群体的需求而产生的商业形态和营销模式。社群营销的优势就是高效、低成本地建立客户连接，让企业高效、精准、低成本地获客，让持续消费成为可能。

瑞幸咖啡"这一杯，谁不爱"的社群营销堪称范例。

现在，瑞幸咖啡在北京、上海等一二线城市很火，除了大量的广告投放，

更重要的是其创新的互联网新营销模式受到大家广泛关注。

她的秘诀就是社群营销：成功推荐新好友，他可以享受一杯免费的咖啡，你也同样可以拥有一杯免费的咖啡，你好，我也好。这样的推广模式，造成了病毒式的传播。

瑞幸咖啡成功登陆纳斯达克资本市场，在短短一年多的时间里大大搅动了中国乃至世界咖啡市场。

我们在给北京小汤山蔬菜做咨询服务时，就提出了"新会员模式"，基于小汤山的特定消费群体，量身打造集互动、体验、销售、服务于一体的社群平台。

会员开发上，采用商超终端 + 社区早教体验 + 农场转化的三位一体模式。社群维护上，以微信平台为互动沟通载体，线上"营养师授课、大厨做菜直播"，线下"基地科普、体验、采摘"，让会员成为"粉丝"，帮着做转发、做分享、做口碑。这些举措，既增强的品牌的忠诚者，促进持续消费，又加强了会员"以老带新"，影响更多的人成为新会员。

组建社群的"三大纪律"：大数据从小数据开始、互联网从关系网开始、线上从线下开始。最终实现线上线下一体化的商业模式。

福来为某品牌大米设计的社群营销模式，就是遵循这"三大纪律"来开发会员。福来提出"360°接触点转化"模式，将品牌商城二维码"战术手段战略化应用"，配合一套"短期＋长期"的强激励政策，在全场景、全接触点上

360°导入，如线下终端、广告宣传、产品包装、线上客服、电商平台、工具物料上全面应用，对潜在客户进行会员转化。

从会员的个体意见着手，从小数据积累开始，从公司全员的个人关系网开始，从线下终端会员转化开始，组建品牌社群，开展社群营销。这才是实效的社群营销。

这是一个被颠覆的移动互联时代，媒体去中心化、渠道去中心化，边界被无限打破，"产品媒体化、媒体渠道化、渠道场景化、场景跨界化"，这些变化和可能，将让社区营销的功力倍增。

湖南茶油企业龙头"大三湘"的社群营销值得学习。

农业圈里有这样一家奇葩企业，经营山茶油生意，却没有传统的分销渠道，也没有线下专卖店。他依靠社群发展直销会员，万名会员实现1.5亿的销售，它就是"大三湘"。

首先是精准定位种子会员——老板群体。连年亏损，大三湘发现问题根源在于传统渠道跟纯茶油的消费人群不匹配。所以，大三湘一开始做会员制就精准定位目标人群——老板群体。

其次是会员持续开发——精准混圈子。因为定位是老板群体，所以大三湘才目标明确地走进正和岛、稻盛和夫等企业家社群。你的目标人群在哪里就混哪些圈子。

大三湘通过打造样本会员，包括袁隆平、牛根生等一批社会名人；落地的情怀，让你能看到整片整片的茶山，当地的农民因为大三湘走上致富路；制造热点事件，油茶花节、南山年会等，提供学习成长、人脉对接、商务推广三大服务，对社群会员进行有针对性的维护和互动。

6. 场景营销：用户、产品、场景三位一体

和消费者关系密切的场景可以通过营销手段打上专属的品牌烙印，且一旦融入消费者生活方式，就能形成对场景的抢占甚至是独占。"怕上火，喝王老吉""经常用脑，多喝六个核桃"，这些都是在传播口号上进行场景化。

社群激活产品从需要到想要，在新营销场景下，营销和品牌都需要有新的认识和表达。

农产品如何做到消费场景化？

挖掘产品属性场景

溜溜梅作为休闲食品，天然场景是打发时间的时候，于是"没事就吃溜溜梅"成了最量身的打造；立顿午后红茶，也是根据红茶的产品属性，紧密融入了下午茶的生活场景。

做一个消费场景不难，难点在于如何精准地找到和产品最契合的场景，以及如何将产品生动地融入场景中。

创造生活方式场景

做半成品菜的豆果美食为什么快速被市场接受呢？因为它们切入不会做饭的青年市场，创造了新的家庭做饭场景。同样是卖果汁，为什么主张轻断食的Hey Juice果汁就更胜一筹？因为它不仅是一种排毒果蔬汁，更是打造了一种新的生活方式场景——轻断食。Hey Juice果汁还为此做出了非常细致并有科

学依据的规划，并与产品对应。

移植田园风光场景

把田园风光实景实地移植到城市繁华购物中心，这是一个大胆的创想，百瑞源枸杞想到并且做到。在大悦城旗舰店的外面，百瑞源开辟了一片城市田园绿洲，有山、有水、有沙田，种上枸杞老树，可以浇水、玩沙、采摘体验，也可以写下祝福杞福天下，整个把田园搬到了都市，把消费融进了体验。

跨界合作创新场景

滴滴打车、Uber、58 到家、百果园、伊利……这些看起来风马牛不相及的公司，其本质上都是近乎面对着同样的消费人群，而围绕着同样的人群，这些与生活场景密切相关的公司完全可以合作创新。

支付宝就和超市、美食城跨界，从而改变了支付场景。竹叶青和神州专车联手，用万份春茶为神州专车用户送去春天的第一声问候。

⬤ 案例解读四

打造百亿联合体企业的战略逻辑和现实路径

新疆果业集团：联合起来，构建百亿果业航母

5 年：从 14.7 亿到 50 亿的战略性跨越

从原来单一的农产品加工销售型企业，逐步发展成为集林果示范种植、生产加工、品牌建设、电子商务、终端销售、连锁经营和市场管理为一体的大型农业全产业链企业，营业额从 14.7 亿元攀升到超 50 亿元，成为新疆维吾尔自治区林果业最大的联合体企业和农业产业化的首席战略抓手。

5 年，到底发生了什么？未来，果业集团将走向何处？

五年前的结缘：老模式遭遇新瓶颈

新疆果业集团是新疆供销社旗下的主营新疆特色果品的国家级农业产业化龙头企业，品牌为"西域果园"。集团产业基础雄厚，在乌鲁木齐、昌吉、吐鲁番、喀什等地州（市）建有万吨级干坚果加工、果蔬综合加工、葡萄干加工基地，坐拥一座现代化的特色林果科技加工园区和新疆电子商务园区。旗下连锁品牌"西域果园"在乌鲁木齐、北京、上海、广州、武汉、长春、成都等中心城市建立品牌直营店，并依托天猫、京东商城等建立起线上平台体系。

以专卖店和礼品销售为核心的营销模式活得很滋润，是引领新疆果品业走向全国的代表。

但是趋势大于优势。在中央八项规定重拳出击和新疆旅游市场严重下滑之

后，企业原有发展理念和营销模式不可持续。集团决策层高瞻远瞩，牵手福来，
共谋企业新生之路。

现象扫描：升级转型，势在必行

　　光环之下，新疆果业集团也存在比较明显的短板，正在遭遇以下五大困境。

　　第一，产品差异化不足，或者说好东西没有卖好，无法让消费者识别。干
果行业严重同质化，无数品牌都在用新疆资源为自己做背书，西域果园如何才
能做到好东西看得到、好产品价格高？

　　第二，新政后，礼品市场下滑严重，如何找到新的增长点？

　　第三，做消费市场经验不足，产品线多而杂，没有主打，与商超要求多有
不符，有效供给不好。400 多个品类，但是符合商超上架要求的只有 20 多个。
如何把众多产品有主有次地带入卖场？

　　第四，商业模式不清。企业在加盟店、专卖店以及商超渠道都进行了多点
探索，且均面临挑战和困难，未找到清晰的盈利模式。什么模式适合西域果园？

　　第五，品牌形象老化，缺乏品牌灵魂和统一的品牌视觉体系。

深度洞察：让品牌带动产业成为当务之急

　　我们在对 10 大城市消费者调研后发现：大家都认为新疆干果好，说明新

疆就是干鲜果品的区域公用品牌，在消费者心中已经处在心智高地。但是，企业品牌太弱，没有代表。问及新疆干果有哪些品牌，结果竟无人想得起。可见，新疆干果品牌在消费者心中存在"真空"，选择谁很茫然。

问题就是机会。新疆果品业正面临大发展的战略机遇期，全国商超系统被各地经销商分割霸占，还没有真正进入品牌商大整合大集中的阶段。全国市场的大整合大集中，是一个必然的发展规律，任何产业都不例外。牛奶、方便面、啤酒、速冻食品、饮用水、瓜子等产业都经历过。现在轮到干果业了。

有根有魂：立足新疆，全国飘香

显而易见，新疆特色优质果品，尤其是干果，是新疆果业集团的战略之根。新疆果业集团应该勇于扛起"新疆特色果品产业整合者与引领者"的大旗，"专注果产业，打造果老大"，成就干果业第一品牌，为新疆干果代言，为新疆产品走出新疆、做代表中国的优秀品牌打先锋。

从基因来讲，新疆果业集团地处大美新疆，是中国最甜蜜的地方。西域的瓜果就是中国瓜果的代表，是中国人引以为豪的天然果园。这里是阳光最充足的地方，这里有中国人不曾割舍的瓜果飘香。

从基础来讲，新疆果业人专业、专注、专心，30年如一日的恪守只为把最好的干果带给中国人。

这就是新疆果业的根与魂，未来要站在新疆干果品类的肩膀上，抢占中国人的果盘子，做全中国人的果园。

"西域果园，中国人的果园！"这既是新疆果业集团的产业理想，也是占领心智的品牌口令。

品牌形象：让果叔代言，打造"品牌图腾"

成功的品牌要有个性鲜明、易于记忆和传播的视觉符号，福来称之为"品牌图腾"。品牌图腾是品牌快速印入消费者心智的好方法。什么适合做西域果园的品牌图腾？项目组将目光集中在了"果叔"身上。

　　果叔原来只是产品包装上的卡通人物，大胡子、大肚子，戴着维吾尔族的小花帽，穿着绿色的背带裤，手拿坎土曼（新疆少数民族特有的耕作工具）。

　　果叔就是西域果园最形象的记忆点、最生动的载体。"果叔"形象不能仅停留在好看好玩的战术装饰上，而应该将果叔形象提升到品牌图腾的战略高度，赋予更鲜明更有价值的内涵。

　　他是专业和负责的农场主，又像是德高望重的干果专家，敦厚、善良，还有点萌得可爱。哪颗果树长得好、哪颗果子甜度高，他都了然于胸。他就是西域果园的老园长和首席代表。

　　从此，西域果园有了形象大使，被应用在各种媒体和宣传物料上。西域果园从此有了聚焦点、记忆点和代言人。

产品梳理："瘦身＋健身"，提高供给质量和效率

　　产品不是越多越好，产品线要有步骤地扩大。在市场供大于求、产品严重同质化的今天，需要先聚焦，提高供给侧的质量和效率。

　　项目组将400多个品类进行"瘦身＋健身"，锐减到20多个，突出高质量的新疆干果产品。让骨干顶起来，让主力多出力。

线下产品：聚焦明星"三剑客"

选定以红枣、核桃、葡萄干为线下"明星三剑客"，打造成明星产品，树立品牌形象。等品牌发展比较成熟后，再带动旁系产品的发展。

线上产品：双星闪耀，关联销售

线上，以销量较大的鹰嘴豆和葡萄干为明星产品，与线下错开。

线上消费者喜欢购买小包装并且有选择多种产品拼单的习惯。线上产品包装和规格要丰富、容量小，与线下形成差异。主动推出套餐消费，例如：美容套餐——葡萄干＋杏仁＋红枣、养生套餐——核桃＋红枣＋巴旦木等。经过这番调整，电商销量显著提升。

礼盒出路：转战家庭消费，抢占茶几上的果盘子

礼盒市场已经从商政礼品转向城市伴手礼，消费人群的改变使得消费需求的重点也发生了改变。为此，西域果园舍去奢华的"外衣"和复杂的品规，仅推出两款礼盒。一款是能满足所有消费者的自由搭配礼盒，另外一款是西域果园独有的"品鉴礼"。"品鉴礼"是国家领导人亲自品尝并点赞的六种干果套装。

价值营销：彰显差异，夯实背书

好产品卖不出好价钱，这是长期困扰西域果园的一个难题。好产品需要提供强有力的价值理由和背书支撑，解决凭什么"高价"的问题。

福来为西域果园制定了三步策略。

第一，追溯系统，让正宗可见

利用二维码，开通西域果园的溯源系统，将生产流程可视化和可追溯。消费者只要对着包装上的二维码用手机一扫，六项记录马上见分晓：①产地、等级信息，②原料检验日期／检验班组，③清洗时间，④挑选时间／挑选班组，⑤包装的日期／包装班组，⑥成品检验／检验班组。

"可追溯"是西域果园正宗的最有说服力的武器，是有效区隔其他竞品的竞争壁垒。因为有身份，所以才信任。

西域果园产品的价值诉求"有身份的新疆干果"诞生了。

第二，价值支撑，外在表达

高价格一定要有高价值支撑，高价值一定要能够让消费者感知到。

在包装正面：1 项原产地记录，三大红枣基地直采直供；2 项成品检验记录，首创质检人员信息公开制；3 项原料加工记录，核心工艺全程可追溯。

第三，内部制度化，保质也保价

从企业内部看，成本居高不下的根源在采购。在企业内部没有以市场为导向，没有采－产－存－销协同。

为此，在企业内部建立"产销一体化，采购市场化"产业链条，将生产和销售板块绑定在一起，保证行情信息统一，原料采购、生产和销售直接对接市场。从内而外实现了统一，降低了成本。

模式打造："日、月、星"照亮新路

根据西域果园的实际情况，福来特别为西域果园量身制定了"日、月、星"模式。

月——代表中心店，即西域果园专卖店。专卖店是全品类展示、销售的场所，是广泛吸纳会员、拓展业务和售后服务等的配套平台。目前已迅速覆盖全国。

星——代表"果叔岛"商超售卖专区。将品牌图腾果叔形象＋新疆特色产品和文化＋西域果园金字招牌三大要素集合到一起，打造超级终端，福来称之为"果叔岛"。西域果园进驻沃尔玛、家乐福、卜蜂莲花、美廉美系统、华润万家等国际国内的大型 KA 卖场，开设包括果叔岛、专卖门店，在全国星罗棋布。

日——代表推广传播。先打基础，向居民家庭靶向精准投放"西域果园产品专刊"，进行消费者培养和产品动销，然后扩大影响力；然后借助新闻和公关活动放大声量，让国人认识"世界品质的干果"，扩大西域果园的知名度和影响力。有一定市场基础后再做大传播、大招商。

新策略导入后，当年销售额增长 30% 以上，新思维新模式初见成效，西域果园开启了历史性的转型与升级。

初战告捷：马云点赞

2014 年 11 月 23 日，马云赴疆出席新疆维吾尔自治区与阿里巴巴集团联合举办的"新疆特色农产品电子商务推介会暨新疆电子商务发展高峰论坛"，双方签署战略合作协议。

马云强调，阿里希望参加新疆电商的发展，参与新疆经济的发展，把当地具有地方和民族特色的产品，提供给消费者，提供给全世界。新疆果业集团揭开了"电子商务推进新疆跨越式发展"的新篇章，2018 年，线上交易额突破 20 亿元。

马云率队莅临新疆果业集团电子商务园区参观，与西域果园形象大使"果叔"亲切合影。笔者亲自请马云品尝红枣和葡萄干，并为马云介绍西域果园的品牌建设情况，马云频频点赞。

未来已来：打造百亿联合体企业的战略逻辑和现实路径

2018 年，新疆果业集团顺利实现了 50 亿的综合营业额。5 年，从 14.7 亿到 50 亿，这是战略性跨越，但绝不是终点：全新的号角已经吹响，到 2020 年，集团将实现百亿目标。

凭什么？

根本载体和抓手就是新疆果业集团这个联合体企业（品牌）。通过"龙头企业＋合作社＋农户"模式把分散的农户生产、加工、销售组织起来，推广应用现代生产、加工、营销技术，促进特色农产品由粗加工、分散、小规模经营转向优质生产、价值化、集约化和规模化销售。

2018 年以来，新疆果业集团启动特色农产品疆内收购和疆外销售"两张网"建设，2018 年在全疆累计建成 56 万平方米仓储加工交易设施，仓储、加工、交易设施总经营面积达 106 万平方米。在内地大力建设社区连锁店，主营新疆生鲜果品，按照"自建＋并购""自营＋加盟"等模式，先后并购华中地区零售品牌"仟果季"、华南零售品牌"叁拾加"等，快速扩大市场规模，使新疆农产品销售模式实现从传统渠道到社区直营、从独立经营走向全国合作的转变。

截至目前，公司已建成全国社区生鲜零售店 1000 逾家，维护巩固商超专柜 2000 家，连锁销售渠道 1.3 万家。2018 年累计购进、销售、交易农产品突破 95 万吨。

"联合体企业 + 区域政府 + 龙头企业 + 合作社 + 农户"的大产业联合，从果园到果盘的全产业链布局，"西域果园产品品牌 + 果叔连锁品牌 + 控股参股"的品牌结构（2019 年福来再次出手，为新疆果业集团制定果叔联盟战略），"鲜果 + 干果 + 新疆特色产品"的组合，"批发 + 零售""线上 + 线下"的整合交易模式，构成新疆果业集团打造百亿联合体企业的基本战略逻辑和现实路径。

百亿梦想，未来已来。

建生态：
营造区域经济可持续发展的百花园

第一节
生态：区域经济的可持续大发展观

生态，是指生态系统。这个概念源于自然界，指在自然界的生物与环境构成的统一整体。在这个统一整体中，生物与环境之间相互促进，相互制约，协同发展，共生共荣。

区域经济的繁荣和兴旺，需要众多优秀企业、数个主导产业来支撑。这叫"一枝独秀不是春，百花齐放春满园"。

但是，区域经济的繁荣不只是做加法，这只是外在，其内在逻辑是，区域经济能否繁荣和兴旺，还要看由企业和产业构成了什么样的生态。只有科学、健康、可持续发展的生态，才会让区域经济繁荣强大。这叫"大家好，才是真的好"。

生态是一种系统，单一要素的拔苗助长不会让整体获得大成功。企业和企业、企业和产业、产业和产业是相互依托又相互促进、互为条件、协同进化的。因此，生态观念是区域经济科学的发展观、系统观。

我们说建生态，就是从产品、品牌的"点"到产业的"链"，再到整个区域经济的"面"，是分步繁荣壮大整体区域经济的工作。

建生态是三个层次的递进：市场生态、产业生态和产业群生态。

市场生态是指，在一个主导产业里，在农产品区域品牌内部，对企业和企业品牌扶持和培育并不是平均使用力量，一定要首先培育出具有强大实力、对产业对市场具有带动和示范作用的龙头型联合体企业，让联合体企业的产品和品牌成为品类代表。如好想你枣、洽洽瓜子等。

有序的市场，一定是拥有集中度的市场，要有"带头大哥"。高度分散，就会正不压邪、乱象滋生。

产业生态是指完善产业体系和配套：一是产业链的环环相扣，步步增值，比如，分级、加工、市场交易、品牌营销、电商等；二是产业的配套、支撑，仓储、物流、包装、印刷、培训等，带动相关市场经营主体和其他品牌一起成长；三是衍生产业，一二三产业融合，比如文化创意、旅游休闲、美食养生、养老健康等。如北京昌平草莓产业。

产业生态的建设，首先要凝神聚力建设好主导产业的健康发展，形成体系和配套，也就是产业生态，比如形成特色农产品优势区。

在主打产业中，还要培养扶持多个有实力的经营主体，创建多个消费者喜爱的企业品牌：有做高端高价的，有做流通低价的；有的追求特色正宗，有的迎合大众普适；有的做生鲜，有的做深加工；有的坚守区域，有的全国扩展；有的擅长传统渠道，有的开辟新兴战场……错位竞争、共生共容、共同发展。

陕西杨凌示范区充分发挥杨凌的农科教整体优势，构建产业生态，打造中国"种业硅谷"。

杨凌示范区投资 18 亿元建设了杨凌种子产业园、种子贸易广场等平台，成为陕西种子企业最为密集的地区，种子年交易总额约 6 亿元，占全省年交易量的三分之一。

杨凌示范区在人才、技术和企业上也形成了产业生态效应，获得国家和省级农业科技成果 15 项，通过国审、省审主要农作物品种 22 个。

"杨凌农科"农产品跨境电商交易平台上线运营并成功对接 79 个国家和地区、138 个国际农产品协会组织，在北京、西安等地开设杨凌农科品牌运营中心、旗舰店和品质生活馆，成功引进绿地杨凌世界城等一批重大项目。

2018 年 11 月，第 25 届中国杨凌农业高新科技成果博览会在国际农业科技合作、一二三产业融合发展、农业科技创新和示范推广等方面取得巨大收获，交易投资额达 1105.9 亿元。"杨凌农高会"品牌价值达到 871.19 亿元。

再进一步，还要建设多产业的产业群生态。

在主导产业的发展生态建设形成之后，要有重点、分步骤地培育第二个、第三个主导产业，让每个产业都具有产品优势、产业优势和产业生态，多个良性产业生态构成产业群生态，形成几个产业群共同繁荣、进化和发展的美好局面。至此，产业兴旺、乡村振兴自然水到渠成，从而实现整个区域经济的繁荣强盛和可持续发展。

一个国家、一个地区要根据自己的自然条件，确定重点产业，建设产业群生态。

新西兰是一个高度发达的资本主义国家，268 万平方公里的国土面积，只有 491 万人口（相当于中国一个中下规模的地级市）。从品牌角度，我们提到新西兰奇异果比较多，其实，新西兰以南太平洋地广人稀、天然美丽的生态环境为依托（这是新西兰的战略之根），农业立国，营造了一个世界是最纯净（100% 纯净是其品牌灵魂）的产业生态，羊肉和奶制品出口量居世界第一位，羊毛出口量居世界第二位；

旅游业是外汇主要来源，借助《指环王》系列电影的外景拍摄地，新西兰把传统优势旅游业发扬光大，打造成为是全球热点旅游目的地。

云南的高原农业特色很鲜明，也具备一定的产业基础，但附加值和品牌效应还比较低，产业比较分散，市场主体一直薄弱。云南省根据高原农业丰富的自然条件，提出在 8 个重点产业——茶叶、花卉、蔬菜、水果、坚果、咖啡、中药材、肉牛，梯次发展，重点突破；并重点由云南农垦集团、云天化集团等大型国企担当市场载体（即本书所主张的联合体企业）的重任。这是一个比较科学的规划和安排，对推动云南高原农业和绿色食品产业高质量发展具有重要意义。

2017 年，时任云南省农业厅厅长王敏正访问福来，与作者共同探讨云南高原农业品牌建设。

盱眙龙虾成名之后，县委、县政府以"虾稻共生"理念和模式，全力打造盱眙龙虾香米产业，目前已发展虾稻共生面积 60 万亩，完美实现了产业的优势互融和共生共荣，开辟了一条绿色富民、振兴乡村的新路径。

当然，产业群生态是生态化发展的高级阶段，不是每个区域都有资源和能力实现，更适合一个国家或者产业资源比较丰富的省域和地市。对于一般县域而言，首先要凝心聚力建设和培育市场生态、产业生态。

第二节
重新认识农业：从第一产业到第六产业

（一）重新认识农业的功能和价值

我们原来对农业认知的局限，大大限制了我们对农业功能和价值的挖掘。

在产业深度上，现代农业不仅仅是第一产业的种植和养殖，还是第二产业的食品原料，还是从田间地头到厨房餐桌的快消食品，还可能是绿色安全化工原料；在产业类型上，农业不仅是传统的劳作，还可以是第三产业的休闲、观光、亲子活动，以及健康养老、创意文化等。

做农业，不仅是企业的事，还是政府的事，是三农（农业、农村和农民）工作的事，还会产生社会效益、生态效益、文化效益⋯⋯

做农业，请放飞你的想象力，一切都有可能，一切都有理由。

国家近年来不断出台推进农村一二三产业融合发展，实施农产品加工业提升行动，建设休闲农业和乡村旅游精品工程，鼓励发展乡村共享经济、创意农业、特色文化产业等指示和政策，赋予各级政府和企业以极大的想象空间和发展可能。

（二）第六产业与一二三产业融合

原来我们搞农业经济经常提的概念是农业产业化，没有错，但是这个提法还不够彻底。产业化的立足点是围绕和完善农业这个第一产业做文章，还是第一产业的视角。未来我们要做的是，彻底打破农业是第一产业界线，把原来属于第一产业的农业做成一二三产业融合的"第六产业"。

"第六产业"概念是日本东京大学名誉教授、农业专家今村奈良臣在 20 世界 90 年代首先提出来的。

随着经济发展和工业化进程的推进，第二产业的食品加工、第三产业的流通、餐饮服务业越来越兴盛，其附加值越来越高，而作为第一产业的农产品在收益中的占比不断降低，农业收益的大头流向了农产品加工、流通销售等环节，传统农业和农民不赚钱，怎么办？今村奈良臣提出，搞农业的不仅要种养（第一产业），而且要从事农产品加工（第二产业）与销售（第三产业），这样才能获得更多的增值价值。"1+2+3" = 6，"1×2×3"也等于 6。这就是"第六产业"的来历。

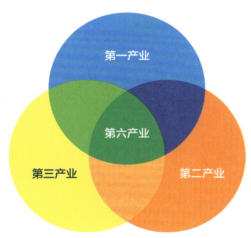

"第六产业"的本质是一二三产业相互融合。"第六产业"将农业变成综合产业，把种加销融为一体，提高流通效率，实现产品增值，从整体上提高农

业经济效益，为农业和农村经济的可持续发展开辟了一条光明的道路，是乡村振兴、产业兴旺的必然选择。

从 2015 起，中央一号文件连续强调要"推进一二三产业融合发展"。要树立大农业、大食物观念，推动粮经饲统筹、农林牧渔结合、种养加一体、一二三产业融合发展。中共中央办公厅、国务院办公厅及相关部委也连续出台系列文件（详见本书附录），支持一二三产业融合发展。

第六产业的春天来了。

（三）二三产业的增值为什么那么大

党中央、国务院对第二产业的加工业极为重视。2016 年《国务院办公厅关于进一步促进农产品加工业发展的意见》和《农业农村部关于实施农产品加工业提升行动的通知》相继出台。《乡村振兴战略规划（2018 － 2022 年）》中提出"实施农产品加工业提升行动，支持开展农产品生产加工综合利用关键技术研究与示范，推动初加工、精深加工、综合利用加工和主食加工协调发展，实现农产品多层次、多环节转化增值"。

一颗香菇，原来只有一种用法——买回来做菜。现在，香菇变成了伴餐的香菇酱、闲暇时吃着玩的香菇脆片、火车冲饮的香菇汤，或者进一步提取出香菇多糖，成为药品和保健品；一粒山楂，原来只能鲜食，最多不过做成山楂罐头、山楂片。现在，山楂汁已经成为饮料中的大品类，山楂糕、山楂球等休闲产品层出不穷。

好想你公司的崛起之路，是由深加工伴随的。从无核枣养生枣开始，石聚彬一发而不可收，有十多个系列、二百多个深加工产品问世。其标志性的产品——口香糖式包装的枣片，口味酸甜耐嚼，营养丰富，又没有口香糖易留下污渍粘连地面的缺陷，深受女士、儿童、老年人的喜爱。近年来，好想你

整合 FD（真空冷冻干燥）技术推出的清菲菲系列产品，更快捷、更时尚、消费场景更多元，产品附加值也更高，成为新的市场亮点。

事实上，旺旺雪饼、南方黑芝麻糊、仲景香菇酱、六个核桃、露露、椰树、福娃糙米卷、沁州黄谷之爱小米粉等，全是深加工的产物。

2018 年，农夫山泉重磅推出了以桦树汁为原料的跨界产品——补水型护肤品，虽然原料桦树汁来自欧洲芬兰，但是能够给我们以强烈的启示，农产品身上有太多未开发的宝藏。

做辣椒不赚钱？1 公斤鲜辣椒价格约为 1.2 元；晒制成干辣椒后，收购价格约为每公斤 5 元；把 1 公斤干辣椒制成辣椒酱，市场价格最高也不过 10 元左右。同样的红辣椒，当被晨光生物科技集团换成深加工方法，从中提取出红色素、辣椒精、辣椒籽油、辣椒碱后，得到的是令人振奋的新答案：1 公斤干辣椒可提取辣椒红色素 40 克、辣椒精 10 克、辣椒籽油 60 克，还可以提取辣椒碱，剩余的椒粕和籽粕等下脚料作饲料卖。这样一来，1 公斤干辣椒能增值到 35 元，是干辣椒价值的整整 7 倍。这就是晨光公司的增值"魔棒"。晨光公司掌控着全球辣椒红色素 55% 的市场，为世界染上"中国红"，也引领着河北邯郸曲周从"世界天然色素之都"到"世界天然提取物基地"的新跨越。

《全国农产品加工业与农村一二三产业融合发展规划（2016—2020 年）》文件表明，2015 年，我国农产品加工和农业产值的比值是 2.2:1，明显低于发达国家的 3 ~ 4:1；计划到 2020 年，力争规模以上农产品加工业主营业务收入达到 26 万亿元，年均增长 6% 左右，农产品加工业与农业总产值比达到 2.4:1，主要农产品加工转化率达到 68% 左右。

目前，我们的果品加工率只有 10%，低于世界 30% 的水平；我们的肉类加工率只有 17%，远低于发达国家 60% 的水平。这些差距，恰恰是农产品加工业新的更大的市场空间，农产品加工率每提升1个百分点，对应的都是百亿、千亿的消费容量。这是全世界都羡慕不已的大金矿。

第三产业干什么？

拓展和延伸出农业的多功能性，从休闲、科普、观光、生态文化功能中挖掘农业的深层次价值，而农业的历史、文化及自然禀赋，恰恰是农产品区域品牌建设的价值源泉。

《乡村振兴战略规划（2018－2022年）》中提出"深入发掘农业农村的生态涵养、休闲观光、文化体验、健康养老等多种功能和多重价值。遵循市场规律，推动乡村资源全域化整合、多元化增值，增强地方特色产品时代感和竞争力，形成新的消费热点，增加乡村生态产品和服务供给"。

"好想你"枣业成立国内首家红枣博物馆，举办红枣文化节，推出了好想你红枣种植示范园、红枣养生苑、枣木佛像雕刻园……这些看似与做市场无关的活动，其实是在不断地为品牌的文化、实力、品质加分，从历史文化层面夯实品牌根基，巩固品牌信任度，为枣品类市场的扩大做贡献。

如今，好想你中国红枣城已经成为著名旅游景点，大大提高了新郑红枣产业和"好想你"的知名度，让好想你成为河南乃至中国的一张名片。

台湾地区"梅之乡"信义乡的青梅产业，已由原来的单纯农业种植，发展成为种植业、农产品加工业、休闲观光业和文化创意产业紧密关联的新兴产业链，对全球游客都有着特殊的吸引力。

在产品层面上，信义乡让梅子变成了会说话的梅子。比如他们将梅子系列产品叫作"酸甜姐妹花""青梅竹马""半路店""忘记回家"，每个品牌都向消费者讲述着不同的故事，使品牌具有了生命力。

在产业链增加附加值上，信义乡农会通过举办"梅子节"，打造"梅子梦工厂园区"，开展"踏雪寻梅""守护台湾梅""制梅 DIY"等系列休闲观光活动，延伸产业链，增加农业的附加值。

在产业延伸上，他们将实体产业延伸到了虚拟创意产业，把产品形象创意成动漫作品，像《山猪迷路》《半路店味噌》《飞鼠请假》《酸甜姐妹花》等，使口舌香甜的物质享受与童话意境般的精神享受交融在一起，消费者在产品和创意两个世界中流连忘返。

第三节
横纵思维：打造品牌农业综合体

（一）做农业产业，要建立横纵两种思维

搞农业，过去我们横向思维比较多。政府更习惯于横向思维，比如做规划、铺摊子、做规模，都是设法横向做大。这些工作固然重要，但是仅有这个还远远不够，得有纵向的思维。纵向思维就是产业链思维，是产业链配套与延伸思维，是错位竞争思维。你做龙虾，我做包装袋；你的龙虾进餐饮，我来提供调料；你做生鲜，我做预调食品、做虾壳素；你做一二产业，我做第三产业……

有横有纵，是农业产业科学发展的思维，才有可能营造健康的产业生态。

中国有很多优质农产品有规模，为什么不能实现品牌溢价，形成可持续良性发展？是缺乏产业配套和产业链环环增值的逻辑与能力，没有好的营销模式，没有品牌宣传，是市场生态和产业生态不行。这就是没有纵横交叉思维。

近年来，我国农业产业发展已经从浅层次的合理布局、扩大规模、加强管理、追求产量，转向了培育产业体系建设能力和提高产业集聚生态水平上来。党的十九大后，农业政策以实施乡村振兴战略为统领，在推进"三区划定"（粮食生产功能区、重要农产品生产保护区、特色农产品优势区），引导产业进一步合理布局和做大规模的基础上，重点支持产业集群和要素集聚，加快一二三

产业融合发展。

江西赣南脐橙、峨眉山绿茶、文山三七、横县茉莉花等由于产业生态不断进化，走在了全国的前面，获得了全国产业高地优势地位。

（二）横纵思维之集大成：农业综合体

近年来，各类农业园区层出不穷，党中央、国务院和农业农村部部署大力推动现代农业产业园，国家农业公园、田园综合体、特色小镇、特色农产品优势区、国家现代农业示范区等园区建设。

各种园区名称不同，形式不同，各有侧重，在我看来可以统称为农业综合体，即横纵思维下产业大发展的综合经济体。比如山东东阿县阿胶之乡、江苏盱眙龙虾小镇、中宁枸杞之乡、河北鸡泽县辣椒之乡、河南温县铁棍山药之乡、陕西眉县猕猴桃之乡……都是围绕一个产业为中心形成了产业化、一二三产业融合的农业综合体。

2017年中央一号文件这样描述现代农业产业园建设：

"建设'生产+加工+科技'的现代农业产业园……统筹布局生产、加工、物流、研发、示范、服务等功能板块……鼓励地方统筹使用高标准农田建设、农业综合开发、现代农业生产发展等相关项目资金，集中建设产业园基础设施和配套服务体系……带动新型农业经营主体和农户专业化、标准化、集约化生产，推动农业全环节升级、全链条增值。"

2017 年底，国家发改委、农业部、国家林业局联合出台《特色农产品优势区建设规划纲要》，提出围绕特色粮经作物、特色园艺产品、特色畜产品、特色水产品、林特产品五大类，到 2020 年，创建并认定 300 个左右国家级特优区，区内形成以特色农产品生产、加工、流通、销售产业链为基础，集科技创新、休闲观光、配套农资生产和制造融合发展的特色农业产业集群，打造一批"中国第一、世界有名"的特色农产品优势区，培育特色品牌。

以产业视角剖析各类农业综合体，是产业横纵思维的集大成，包括核心产业、支持产业、配套产业、衍生产业四个层次的产业群。

1. 核心产业是指以特色特产和优势产业为核心的农业生产、加工和销售；

2. 支持产业是指直接支持核心产业的研发、技术、设备、仓储、运输、会展和促销的企业群及金融、媒体等企业；

3. 配套产业则是为园区农业提供良好的环境和氛围的企业群，如旅游、餐饮、健身、酒吧、娱乐、培训、包装、印刷等；

4. 衍生产业是以特色特产和文化创意成果为要素投入的其他企业群。

在农业综合体中，一二三产业互融互动，把种养加、产供销、贸工农、农工商、农科教一体化，把休闲娱乐、养生度假、文化艺术、农业技术、农副产品、农耕活动等有机结合起来，拓展了现代农业原有的研发、生产、加工、销售产业链，使传统的功能单一的农业及加工食用的特产成为现代生活方式的载体，发挥产业价值的乘数效应。

农业综合体具有三大功能：社会公益性功能、企业盈利性功能和生态环保性功能，因此，理所当然地成为发展乡村振兴、产业兴旺的途径和抓手。

广东江门新会陈皮产业园是国家级现代农业产业园，是横纵产业思维的代表之一：

大基地——启超大道两侧一片绿海，树上长着"皮比肉贵"的新会柑，标准化种植面积超过 10 万亩，连续 23 年未发生黄龙病等重大病害。

大加工——新会陈皮产业以前主要加工柑皮，果肉丢弃不要。而产业园里的企业，连皮带肉吃干榨净，陈皮茶、饼、酒、酱、调料等产品上百种。

大科技——一个产业园，2 个院士站，20 个产学研合作基地，与 30 多家科研院校开展合作，专家团队"一对一"服务。

大融合——陈皮村叫村不是村，一二三产业完全融合。市民来这里购买陈皮，商人来这里交易陈皮，游客来这里休闲旅游，老饕们来这里吃陈皮宴，还有人慕名而来参观这里的"陈皮银行"。

大服务——与陈皮产业有关的管理、政策、金融、科技、信息、电商、协会、农资农技问题，可以在新会陈皮产业园里一站式解决。

像新会陈皮产业园这样的国家级产业园，自 2017 年以来，农业农村部和财政部一共创建了 62 个，认定并授牌了 20 个；各地创建的省级产业园加起来超过了 1000 个，市县一级的产业园就更多了。

中国枸杞行业领军品牌"百瑞源"，开创集枸杞研发、种植、加工、营销和文化的"五位一体"模式，是典型的现代农业综合体。

在产业链的前端，也就是支持产业上，与中国科学院、中国农业大学、江南大学、暨南大学、华南理工大学、宁夏大学、宁夏农科院等国内知名科研院所建立紧密合作关系，先后承担国家和自治区多项科技攻关项目，独家拥有枸杞新品种"宁农杞 2 号"和多项技术发明专利，建立国家枸杞加工技术研发专业中心和首个枸杞院士工作站。

在产业链的中间，也就是核心产业上，拥有 1.2 万亩有机枸杞示范种植基地、体验基地和现代化的加工园区，产品通过德国 BCS 有机食品认证和国家质检总局生态原产地保护产品认证。

在产业链的后端，也就是配套产业上，建有中国枸杞馆（成为宁夏文化地

标和旅游目的地）、百瑞源枸杞养生馆连锁专卖店，并且形成自营专卖、电子
商务、国际贸易的立体营销体系，产品遍销全球。

第四节
产业之都：区域经济发展的战略引擎

（一）产业之都，产业生态的高级形式

农业产业之都，是以农业为中心，在地理上集中，聚合大量具有共性和互补性的专业化的相关企业及机构（包括品种研发、籽种培育、农机服务、化肥农药、土壤测试、卫生防疫、田间管理、粗精加工、包装装潢、交易平台、广告营销、金融服务、仓储运输、生活服务、文化旅游、休闲娱乐等）作支撑，由农户、企业及市场形成的密集柔性网络合作群体。

产业之都的企业和产业构成了产业生态，同时具备分工专业化与交易便利性，从而形成一种高效的生产和经营组织方式，它有自繁衍、自组织、自调节功能，企业和产业聚集在一起，高效集约、相互促进的作用非常显著。

产业之都由于集聚起来的企业和企业科学配合，互相作用，充满活力，生产和经营水平高，在技术、原料、配套、用工等方面的成本大大降低。

产业之都是产业生态的高级形态，是区域经济进入高层次升级式增长的新型战略引擎。

山东寿光被誉为"中国蔬菜谷"，中国最大的蔬菜生产基地，同时拥有全国最大的蔬菜批发市场。蔬菜产业被公认为全市人民的"命根子"。

从 8 年前开始每天发布的"寿光蔬菜指数"，成了全国各地菜价的"风向标"，甚至能左右韩国泡菜的产量。

有人在卫星地图上数出了寿光蔬菜大棚的数量，一共有 231764 个，密密麻麻排列在寿光 60 公里长、48 公里宽的土地上。

寿光从最初解决国人冬季吃菜问题，到如今引进"洋品种"，以精品为主，硬是把种菜这个农活玩出了智能物联网控制温室蔬菜生产这样的高科技和国际范儿，升级到高端、安全、品质的高度；主要农产品实现全链条标准化生产，建成全国蔬菜质量标准中心，具有自主知识产权的蔬菜良种达到 70 个以上；长期向全国输出集成示范区技术、装备，累积输出技术人员 8 万人。

寿光蔬菜科技博览园是一年一度世界蔬菜博览会举办地点，也是现代农业高新技术集成示范区，同时还是国家 4A 级旅游景区，2017 年仅五一假期期间接待游客高达 60.5 万人次。

放眼国际市场，法国依云小镇和波尔多葡萄酒之都的发展，也是同样的逻辑。

法国依云小镇从初期的疗养胜地、矿泉水起步，聚集旅游度假、运动、商务会议等多功能的综合型养生度假区。1994 年，世界女子高尔夫球第一届依云大师赛在这里举办，成为小镇的地标。如今的依云小镇已成为欧洲极具代表性的文旅小镇，是欧洲人休闲度假、夏天疗养、冬天滑雪泡温泉的最佳胜地。

波尔多是世界葡萄酒之都。在波尔多纵横 113000 公顷的葡萄园上，遍布着 13000 个种植者（酒庄或葡萄园），约占整个法国的 1/8 和 1/10，分为 57

个独立的 AOC（原产地监控命名）区，每年出产 8.5 亿瓶葡萄酒，占全法国同类酒产量的 1/4。假如把这些瓶子排队，可以从地球排到月球。在波尔多有大约 1/5 的人服务于葡萄酒行业。这里出产的葡萄酒各具风格，纵是一街之隔，风味亦截然不同，这是波尔多葡萄酒闻名世界并令人着迷的原因之一。因此，诞生了众多著名酒庄，如拉菲（Lafite）、玛歌（Margaux）、柏图斯（Pétrus）等。这就是企业集聚产生的产业集群效应。

发展产业之都的价值：

首先，发展产业之都，可以提高区域生产效率。

大量的中小企业集聚于一定区域，可以加深区内生产的分工和协作。除了因分工和在空间的临近带来高效率外，在现代产业集聚体内，各主体在合作交易中往往能够在社会文化背景和价值观念上达成共识，多了信任，就像和谐共振，大幅提升了集群稳定和生产效率。现在风靡全国的电商产业园区就是这种逻辑。

其次，发展产业之都，可以产生滚雪球式的集聚效应。

因为集群，又可以吸引更多的相关企业到此集聚，扩大和加强集聚效应。集聚对外部产生吸引力，对内产生自我强化力，这是良性循环过程，如此产生滚雪球效应，推动区域经济进入良性发展和进化轨道。

再次，产业之都会产生新的竞争力和合作力。

在产业之都里，拥有丰富的市场信息及人才支持，从而降低市场风险；而且由于集群内部分工的不断细化，可以衍生出更多的新生企业，从而进一步增强集群自身的竞争力。

集群加剧了竞争，竞争使产业获得更强的竞争力。同时，竞争不仅仅表现在对市场的争夺，还表现在合作上。如联合开发新产品，开拓新市场，建立生产供应链，由此形成一种既有竞争又有合作的竞合机制。这是一种比单个企业竞争力更加具有优势的全新的集群竞争力。

一个县、一个市、一个省乃至大到一个国家的经济发展，都要建立大生态、产业之都的概念。无论什么产业，都是一个逻辑。

美国硅谷是 IT 业的产业之都，好莱坞是影视业的产业之都，华尔街是金融业的产业之都⋯⋯

成都打造休闲文旅之都，杭州打造创新创业之都，顺德打造现代制造之都⋯⋯

政府通过培育地方产业集群，形成产业之都，使本地生产系统的内力和国际资源的外力有效结合，大幅度提高区域竞争力，成为拉动区域经济跨越式发展的重要战略引擎。

（二）农产品区域品牌建设要按照产业之都模式来发展

发展区域经济，创建农产品区域品牌，其主线脉络是特色农产品产业、特产产业、特产产业集群三位一体，梯次递进。

每个地方特色农产品发展到一定程度时，政府、企业自然或有意识地将其作为当地的名片，那么，打造"特产之乡"、建设"特色农产品优势区"等就提到日程上来。

全国经过正式申报评选出来的"特产之乡"有 500 多个，但是，以产业之都的标准衡量，发展水平相距很大，有些是名气大产业小。

怎样让一个农产品、一个农产品产业最终发展成为在全国乃至在世界都能占有一席之地的特色产业经济体，也就是产业之都呢？

中国和世界产业经济史表明，成功的产业之都是按照特产品、特产产业、特产产业集群三位一体的战略模式来发展，最终形成产业之都。

日本宇治抹茶之都、波尔多葡萄酒之都、美国加州脐橙之都、

山东东阿阿胶之都、云南文山三七之都、重庆涪陵榨菜之都……

特色农产品优势区、现代农业产业园、特色小镇、产业集群，以及与之对应的产业生态高级形态"产业之都"，是区域经济进入高层次可持续健康发展的新型战略引擎。

看看中国乳都——呼和浩特是怎么发展起来的。

呼和浩特市从 2000 年起提出乳业兴市战略，农业部在产业发展规划中把内蒙古自治区列入了乳业发展的重点区域，投资千万调购优良牧草籽种，建设数千个奶牛冷配站和挤奶站；同时，建成了 5 万头以上奶牛基地旗县区 4 个，千头以上奶牛基地乡镇 47 个。全市奶牛存栏量达到 50.8 万头，鲜奶产量达到 159 万吨。到了 2005 年，呼和浩特市被中国轻工业联合会和中国乳制品协会正式命名为"中国乳都"。

呼和浩特市还为发展奶业制定了"十五"发展规划，先后出台了 10 部乳业相关法规，扶持农民发展乳业。呼和浩特市还从资金、工商、土地、税收等多方面对龙头企业给予优惠。乳业已经成为呼和浩特市的支柱产业，为当地贡献了 1/3 的国民生产总值，行业同比连续数年位居全国 37 个大中城市之首。

如今在内蒙古大地上，已经形成由规模化高标准牧场、乳品加工企业、包装材料等形成的产业和多个产业集群。

漯河肉类食品产业集群的形成，也极具代表性。

漯河，一座中原内陆小城，因独特的食品工业魅力而闻名天下。漯河诞生了全球最大的猪肉加工企业双汇集团，共有食品工业企业和生产单位 6600 多家，年加工肉制品 320 万吨，产量亚洲最大。2003 年，中原食品节诞生。2008 年，中原食品节升格为中国（漯河）食品博览会，成为这座食品名城的"烫金名片"。

深受由双汇集团所带动起来的产业群发展的启发，漯河市委、市政府制定了《漯河市农业产业化集群发展规划（2012—2020）》，对全市农业产业化集群发展进行了具体安排部署，规划到 2020 年，在全市培育销售收入 20 亿元以上的农业产业化集群 16 个、50 亿元以上的集群 7 个、100 亿元以上的集群 2 个。

目前，全市已培育具有一定规模的优势农业产业化集群 21 个，全市年加工转化粮食 600 万吨，占全省的 15%；年加工生猪 1600 万头，占全省的 23%；鲜冻猪肉出口占全省的 90% 以上，占全国的四分之一。

以上案例昭示我们，当一个产业发展到成为当地区域经济的支柱产业时（超过本区域 GDP 的 5%），政府和企业要把这个产业当作决定本区域整体经济发展的大事来抓，从产品经营走向产业经营和产业集群，打造"产业之都"。

农业产业之都建设，不仅关乎农业发展，也关乎和承载产业转型升级、一二三产业融合、乡村振兴、观光旅游、生态建设、文化传承、区域经济发展等历史重任。

农产品区域公用品牌全品类模式，是否陷入误区？

——神农岛专访中国品牌农业首席专家娄向鹏

近年来，全国各地掀起了农产品区域公用品牌建设热潮，省市县各级政府高度重视并积极投身到区域公用品牌创建工作中。

在这场大潮中，有一种品牌创建模式引起了我们的注意，其典型特征就是没有品类指向，甚至没有区域名称，我们称其为全品类全域性区域公用品牌模式。

这种品牌做法在省市县各级大量出现，比如：省级有黑龙江省绿色食品品牌"地道龙江"、湖北省公用粮油品牌"荆楚大地"、重庆市的"巴味渝珍"，市级有四川达州市的"巴山食荟"、江苏省淮安市的"淮味千年"、连云港市的"连天下"，县级有浙江金华东阳市的"东白"、浙江苍南县的"苍农一品"、江西省分宜县的"天工宜品"……

这种全品类全域性品牌模式，一方面引起了更多地方的学习和模仿，大有蔓延之势；另一方面引起了政府、行业专家、媒体高度关注，一些专家和行业从业者对此提出了质疑和争论，更多的人陷入了困惑。

这种品牌模式是不是符合品牌和市场规律？值得不值得提倡和推广？为此，神农岛专题采访了中国品牌农业创导者与践行者、福来战略品牌咨询机构董事长、中国人民大学品牌农业课题组组长娄向鹏先生。

神农岛： 请问娄总，您作为中国品牌农业的创导者与践行者，研究过大量中外案例，服务了盱眙龙虾、寿光蔬菜、容县沙田柚、横县茉莉花、兴安盟大米等区域公用品牌，对这种全品类全域性的品牌做法怎么看？

娄向鹏： 正如大家看到的，从省域、市域到县域，许多地方热衷打造全品类全域性的区域公用品牌。客观地说，这种品牌做法的确存在一定误区。其最直接的问题是，缺乏"三个抓手"，即政府工作没有抓手，龙头企业经营没有抓手，消费者选择没有抓手，与做品牌的目的和意义背道而驰。

没有主导产业，不聚焦基于当地地理气候及人文条件的优势特色品类，政府工作的落脚点在哪里？政策和资金向哪里倾斜？特别容易造成政府公共资源的浪费。平均用力，怎么能够培育出有竞争力的产业和品牌？怎么与外地产品形成差异化竞争优势？

龙头企业如何有效参与？我们设想一下，省市县都要搞全品类区域公用品牌，加上地理标志（3 种类型）和各种认证，还有企业品牌（产品品牌），产品包装如何设计？真是无所适从，太难为企业了！

做品牌，最终是要解决获得消费者优先选择的问题。一个品牌里什么产品都有，让消费者怎么选择？做品牌的目的没有达到，只是披上了一件品牌外衣罢了。

我一直强调，农产品区域公用品牌是区域经济发展的战略抓手。如果品牌名称没有区域名，品牌谁做的、谁受益不清楚，做品牌的意义在哪里？承担不了带动区域经济社会发展的使命。产地名称是农产品区域品牌最重要的资产，放着宝贵资产不用，打造一个全新的品牌，舍本逐末。

用做工业快速消费品品牌的方法做农业品牌，放弃农产品特有的蕴含战略之根、品牌之魂的品种、品类和文化资源，另起炉灶，从零做起，增加了做品牌的难度，对当地政府的资源配置和运营能力要求更高，绝大多数是做不到的。

神农岛： 是什么原因造成这种现象呢？问题出在了哪里，为何许多地方热衷这种做法呢？请娄总深入剖析一下。

娄向鹏：

第一，没有真正把握市场和区域公用品牌建设的基本规律。

品牌是品类的代表，消费者消费时先想品类后想品牌。消费者喝茶，首先考虑红茶或者绿茶？绿茶是喝西湖龙井还是信阳毛尖？所以，做品牌，应该首先明确品类，做哪个品类的代表。如果一个品牌代表多个品类，品牌灵魂就会模糊不清，品牌力就会绵软无力。

再者，这种品牌在名称上没有明确产地，不知道谁做的品牌，消费者也不知道产品产自哪里，那么做品牌为了啥？产地不是品牌的负担，相反，是区域公用品牌的价值源泉，没有产地的农产品恰恰失去了品牌溢价的理由。

第二，许多地方好大喜功，爱做面子工程。

全品类全域性的品牌做法看起来很热闹，不偏不向，雨露均沾，好像给品牌以无限的发展空间，实则工作没有主次，对区域内的农产品不分是不是有特色，也不管是不是形成了规模和产业优势。从内心需求上看，就是贪心，贪大求全，奢望全面开花全面结果。这种做法迎合了一些人好大喜功、爱做面子工程的心理。

第三，跟风，别人怎么干我也怎么干，先干了再说，没有想太多。

神农岛：这个问题应该怎么解决，怎样才是正确的做法？

娄向鹏：

首先要聚焦品类。

无论一个国家、一个省、一个市或者一个县，做区域公用品牌一定要首先聚焦在一个品类上，凝心聚力打造代表这个品类的区域公用品牌。不聚焦品类，包括政府政策、资金扶持在内的所有工作都没有着力点和落脚点。

新西兰奇异果、韩国高丽参、加州巴旦木、华盛顿苹果、山西小米、吉林大米、江苏盱眙龙虾、广西容县沙田柚，我们看到的是区域品牌的成功，背后是产品、品种、品质管理、产业化等基础工作的到位，是聚焦品类的成功。

譬如广西南宁横县是一个农业大县，拥有甜玉米、双孢蘑菇、蔗糖、桑蚕等八大优势产业，但县委、县政府没有面面俱到，而是首先全力打造"横县茉莉花"区域公用品牌，目前年综合总产值达到 105 亿元，产量占全国茉莉花的 80%、全球茉莉花的 60%，是绝对优势品类和主导产业，成为名副其实的世界茉莉花产业中心。

聚焦品类，把品类树起来，是区域公用品牌工作的第一步，是其他工作的前提和基础。聚焦品类，才可能扎扎实实地开展提升品质、搭建平台工作；聚焦品类，才可以围绕这一个品类，构建、扶持一个经营主体（龙头企业）；聚焦品类，给品牌找到生长的土壤，才能塑造一个区域公用品牌。这些工作环环相扣，互相承接，构成了振兴和强大区域经济的正确路径。

第二，要有准确的地域名称。

区域公用品牌名称中必须含有准确的地域名称，这是基本要求。一是做品牌要让外界知道谁在做、谁受益。这是本区域所有利益相关者共同的利益诉求，怎么可以不明确呢？二是做区域公用品牌的初衷就是帮助把特定区域的优质产品卖得更好，并且产地是决定农产品品质特色的第一因素。产品好，首先是因为产地好。产地是其他地方的同类产品无法模拟、不可替代的核心竞争力，传播还来不及呢，怎么可以秘而不宣呢？五常大米好，如果不叫五常大米，叫"五环大米"，五常大米最有价值的品牌认知就不复存在，品牌溢价从哪里来？等于人为制造了认知障碍，大幅度增加了传播成本，往往容易事与愿违、事倍功半。

抛弃地域名，打造没有地域名称的品牌，让品牌与产地失去第一关联，没有历史渊源，没有文化传承，这样的农产品品牌没根、没魂、没来头、没说头，这样的品牌做法严重违背了农产品品牌的根本特性。

枸杞在青海、甘肃、新疆、陕西、内蒙古、河北等众多省份都有出产，但是只有宁夏中宁地区的枸杞最好，达到入药级别。产地就是其品质最优、最正宗的标志性、背书性证明，这是农产品与工业品做品牌最大的不同。

农业农村部在评选百强农产品区域公用品牌中明确规定，没有品类没有产地的品牌没有资格参与评选，不能申报。对此，我们高度赞成。

第三，要落实到农产品区域品牌联合体模式上。

在热火朝天的农产品区域品牌建设背后，品牌建设的思路、模式和方法始终没有大的突破和改变，旧的问题依然存在，并且还在重蹈覆辙。比如品牌初步成功，产品一热卖，搭车蹭光、透支抢吃大锅饭现象就开始泛滥，洗澡蟹、假五常满世界全是；比如，区域品牌很响亮，可是消费者还是不知道选择谁的；比如，品牌有名无实，没有实实在在地为产品增值，不能为农民致富做出贡献……这是最大的痛点。

"农产品区域品牌联合体"模式由福来战略品牌咨询、中国人民大学品牌农业课题组 2018 年在"新时代农产品区域品牌建设高峰论坛"上联合推出，是区域农产品品牌建设的下半场和必由之路。

农产品区域品牌联合体模式的核心是政府主导和企业化运作，成立经营主体，在区域公用品牌之上塑造一个商业品牌，一个品牌代表一个品类，一个企业带动一个产业，一个产业引领一方经济，最终形成共生共荣、错位竞争的品牌产业生态，从而使农产品区域品牌健康、可持续发展。

新西兰佳沛奇异果、韩国正官庄高丽参、乌江涪陵榨菜、查干湖吉林大米等都是按照这个逻辑进行的。

神农岛： 在工作中我们还会遇到另外一个概念，也是现实存在的情况，就是"区域品牌"。这种品牌自然形成，具有天然的公共性，不必像区域公用品牌要经过授权才可以使用，比如涪陵榨菜。请问，地方政府和企业，如何区分区域品牌和区域公用品牌的不同的情况，采用不同的方法开展工作？

娄向鹏： 确实，区域品牌与区域公用品牌不是一个概念，两种情况的工作思路和方法有不同。

北京烤鸭、涪陵榨菜、加州脐橙、新西兰奇异果等区域品牌，没有公共组织专门建设这个品牌，没有人把它注册为商标、授权使用公用化。

这些区域品牌的形成，有的是源于当地传统特产，是特产自然的诞生地和聚集区，时间一久，自然形成了区域品牌，比如涪陵榨菜。涪陵榨菜集团利用已经形成的区域品牌声誉，工作重点直接转向品牌联合体模式上来，构建一个主体企业，塑造一个主打品牌"乌江"。

有的是因为这个产区里生长出一两家成功的有实力的企业，是企业的产品品牌和市场营销把产区的名声四处传扬，比如加州脐橙（阳光橙），其实是新奇士把加州脐橙带起来的，加州脐橙并没有像华盛顿苹果一样做区域公用品牌。这恰恰从反向证明，经营主体和商业品牌对区域品牌具有巨大的支撑和带动作用。

大量中外品牌实践证明，产业兴旺和发展区域经济，不能满足和停留在产业规划和打造区域公用品牌上，我形象地称为这只是完成了上半场。我们要让工作扎实进入下半场，即推行品牌联合体模式。

从中国区域公用品牌的实践来看，下半场更重要，它决定着区域公用品牌工作的最终成败。

对五常大米和阳澄湖大闸蟹出现的公地悲剧，我的建议是，抓紧在区域公用品牌建设和管理上补短板，否则，悲剧还会继续。

而对于"地道龙江""青岛农品""净土阿坝"等全品类全域性品牌，则可以走类区域公共品牌或旅游品牌的路子，类似于"好客山东""老家河南""七彩云南"，承载和传达区域（产业）的价值特征、整体形象和宣传口号，也可以作为线上线下的整体推广、传播、展览、销售展示或服务平台，而不是做成区域公用品牌，进行品牌授权、管理和限制。

神农岛： 一个省或者一个市有很多优质农产品，只能做一个品类吗？

娄向鹏： 在这方面特别容易误解，我们强调"三一聚焦"，明确一个主导产业，构建一个主体企业，塑造一个主打品牌，并不是刻板地规定只能做一个品类，而是说一要分步骤，二要看资源能力。

如果一个地方有多个优良特产、优势产业，需要把最有特色的产品和最具优势的产业拎出来优先来做，做出亮点、做成主导产业、做成品牌、做出市场成效，之后再谋别类。

新西兰佳沛奇异果、韩国正官庄高丽参、美国新奇士加州脐橙、乌江涪陵榨菜、好想你新郑红枣……先专注一个品类，扶持一个主体企业，促成了一个品牌的成功。而相反的例证却几乎没有。

做品牌，必须有足够的资源支撑及运营能力，吉林大米三年花了1个亿的推广费，你同时做多个品牌需要多少资源？可想而知。所以要一个品牌聚焦一个品类，一个品类一个品类地做，做品类的代表品牌，而不是打包一起做，不能做大杂烩品牌。

把多种品类（产品）打包到一起做成一个公用品牌，严重违反农产品品牌规律和消费者认知规律，我们不赞成。

吉林作为一个农业大省，也是按照品类——大米、人参、黑木耳一个一个地做，每一个品类分别有不同的品牌做代表。

江苏盱眙县凝心聚力二十年，开创了享誉全国的盱眙龙虾区域公用品牌，然后依托同一个市场主体——盱眙龙虾产业集团，打造虾稻共生的"盱眙龙虾香米"品牌，成为又一个富民强县工程。

山西省如果一上来做山西杂粮而不是山西小米，结果那才真是山西"砸"粮了。

从目前的中国国情来看，我认为县域依然是区域公用品牌创建的主战场，其次是市域，最后是省域。区域太大缺乏抓手，区域太小资源配置不足。对于那些产业基础和经济基础都比较薄弱的区域，市级、省级政府可以主导，重点扶持和培育优势产业和公用品牌。

神农岛： 如果该区域产业特色不突出、优势不明显，如何建设区域公用品牌？

娄向鹏： 这是一个很容易走偏的典型问题。不少地方就是以此为借口而选择全品类全域性区域公用品牌模式的。

优势与特色并非一定天生，许多地方的特色品种和产业优势是精心培育出来的，没有优势去创造优势，而不是急功近利，把没有品类优势、没有产业基础的产品打包到一起，做成大杂烩品牌。

新西兰奇异果并非产自本地，品种是从中国带过去的，其产品和产业从无到有、从有到优，培育出中国本土没有的新品种——金果，后来整合抱团发展，成为全球最著名的水果品牌。

我们现在都知道陕西洛川盛产优质苹果，但很多人不知道，这里的苹果始于河南。1947 年，阿寺村农民李新安，从河南灵宝引种第一株苹果树苗，通过全力以赴坚持不懈的培育，到了 90 年代，苹果已成为洛川农民的主要收入来源，现在更成为中国苹果第一县。

香菇，过去是福建古田和浙江庆元的大特产，现在经过十多年的发展，香菇第一县的地位和名声被后来居上的河南西峡抢走了。

内蒙古兴安盟在十个特产品类中选中了大米，重点扶持，大力发展，已经初见成效。

另外还有一个问题，打包做全品类品牌，面临商标注册的尴尬境地。如果品牌名称中出现区域名称，根据《商标法》相关规定（县级及县级以上地域名称不能注册商标）行不通，无法注册成为在品牌名称上就带有明确地域名称的集体商标或者证明商标。品牌名称中带不了地域名称，产品产地不明确，没有集体商标和证明商标的公用属性，还叫什么区域公用品牌？！这种品牌做法因小失大，得不偿失，令人痛心。

神农岛： 对于已经采用全品类全域性区域公用品牌模式的地方，您预判一下这样做下去的市场成效，有没有可持续性和可复制性。

娄向鹏：

首先，做总比不做好。

因为农业太分散，品牌太落后。在政府的重视和统领下，整合大量人、财、物投入到做品牌建设中来，农产品品牌从无到有，产品有了包装、有了标准、有了溢价、有了服务平台，对农业产业当然是有促进和提升的。这是积极作用。

第二，我认为这种模式违反了品牌创建规律和消费者认知规律。

没有一个品牌的创立是一开始就通过把多个品类打包成一个品牌而成功的。连雀巢、娃哈哈、海尔、美的这样的多品类企业品牌也是先做成一个明星品类再延伸，区域公用品牌更是没有先例。再者，做品牌不能永远靠政府输血，当政府输血停止，消费者还会记得这个品牌里都装了什么产品吗？如果多个地方的区域公用品牌都采取全品类打包模式，进入到一个市场里，消费者还分得清哪个产品属于哪个品牌吗？这种模式对品牌代表什么、凭什么溢价等这些根本问题没有解决。

第三，这种模式不可复制，没有普及价值。

许多人爱拿某一个地方的区域公用品牌已经取得的成绩说事，其实不可复制。一是，眼下的成绩是在政府高度重视及重点支持下，依靠政治（政策）优势、制度优势、观念优势以及高标准资源配置情况下取得的，许多地方不具备这个条件，因为这些条件不可复制。当然，专业的系统策划设计也很重要。二是，有些品牌的成功是特殊历史阶段造就的，历史节点也不可复制。比如，在市场里没有农产品品牌的时候，第一个做全品类打包模式，其品牌的成功率远远大于后来者，这叫先入为主。"寿光蔬菜"第一个解决了中国人冬季吃新鲜蔬菜从无到有的问题，"寿光蔬菜"成了品牌（而且限定在蔬菜领域，而非全品类）。现在时过境迁，再走寿光蔬菜的成功路径很难。

福来认为，同样的代价，如果区域政府集中精力打造一个品类品牌，会更成功更持久，更有价值内涵和区域带动性。

需要特别说明的是，对中国而言，区域公用品牌建设是一项新课题，任何形式的探索和实践，无论经验或教训，都是有意义的，都值得尊敬。大家认识、看法和做法不同，亦很正常，只是希望我们尽可能地回归原点，选对路径，不走错路，少走弯路，共同推动中国的品牌农业进程。

神农岛： 谢谢娄总，真诚地希望您和您的团队为中国农产品区域公用品牌建设贡献更多的智慧和成功案例。

后 记 Epilogue

品牌农业三部曲：我的初心、野心与忠心

10 年实践与思索，三年创作，品牌农业系列第三部《农产品区域品牌创建之道》终于脱稿了。

说实话，三部曲里，这是最难产的一部。

第一部《品牌农业：从田间到餐桌的食品品牌革命》，是发现一个绿色的金矿，是一个整体的面，是取势，是号召、呼吁与呐喊；为行业而来，体现了对品牌农业的初心。

第二部《大特产：让地方特产卖遍全国》，是找到一个可以深挖的支点，提供一个可以建功立业的战场，是优术，是归类、梳理与破局；为企业而来，体现了对品牌农业的野心。

第三部《农产品区域品牌创建之道》，是拉开一条可以串联的线，把政府、企业、农民以及社会资源全部串起来，修筑可持续发展大道，是明道，是正心、合众与践行；为政府而来，体现了对品牌农业的忠心。

今天，看似轰轰烈烈的农产品区域品牌建设，在中国还是个全新的命题，大家都在摸索和实践中，难免理念和认识有误区、道路和方法有弯曲。

没有市场角度和理论高度，没有全球宽度和实践深度，很难真正洞察问题本质、直击难点与痛点，难以找到中国道路和中国方案。我和我的团队也是参与者，也有困惑和纠结。

幸运的是，我的农民基因和农村经历，以及在食品饮料、大健康、家电、广告、传媒、营销策划、农业战略品牌咨询领域的综合实践，加上 20 年来对

中国特色市场和企业的深入了解，让我们找到了基本方向和解决之道。呈现出来，希望对您有所启发和帮助，并期待与您一起，共同探索和修正。

客户是福来最珍贵的宝藏，无论地方政府，还是龙头企业，他们的信任、智慧与实践，是我们最重要的创作源泉和支撑。

福来战友郝振义、钟新亮、张正、康海龙、何承霖等参与了图书的具体创作与创意工作。书中出现的福来案例部分，是全体福来人的智慧结晶。感谢他们的非凡才华和辛勤付出。

感谢国务院扶贫办原主任、原农业部副部长刘坚，中国扶贫志愿服务促进会副会长王家华，农业农村部信息中心副主任张国，中国绿色食品发展中心副主任刘平，中国优质农产品开发服务协会会长黄竞仪，中国果品流通协会会长鲁芳校，中国绿色食品协会秘书长穆建华，中国食用菌协会副会长何方明等（请原谅我不能全部列出）专家、师长、朋友的支持和帮助。

特别感谢著名三农问题专家、中国人民大学教授、博士生导师孔祥智老师的指导和帮助，并为本书写序。

感谢父母赋予我的农业基因和善良天性，让我义无反顾，顺农而为。

感谢我太太和两个儿子的理解与坚定支持，没有他们仨，就没有三部曲。

从农业中来，到农业中去。扎根农业，品牌为魂，建功立业。

用品牌改变农业，让品牌农业不走弯路。

为中国农业的产业化、品牌化和现代化找寻中国道路和中国方法，协助打造100个产业名片和国家名片级的农产品品牌，推动中国农业的伟大复兴。

这就是我的初心、野心与忠心。

我相信，终有一天，品牌农业会成为最时尚、最性感、最荣耀的行业。

走，该吃饭了。

己亥年，仲夏，奥运村